ON LIBERTY

すらすら読める新訳

自由論

ジョン・スチュアート・ミル

JOHN STUART MILL

成田悠輔まえがき　芝瑞紀訳

サンマーク出版

まえがき

狂気は自由である。

「お前の両親祖父家族[redacted]にされても自業自得　来世にいたるまですべて[redacted]に墜ちろ未来永劫あらゆる手段を行使[redacted]する」

「ゆうしゅけ～！　今日も気持ちよかった……ありがとう[redacted]1回と、[redacted]2回[redacted]てました……笑笑「ゆうすけ～」って呼びながらね！[redacted]」

「数日前から気付いてる者です。昨夜確信に変わりました。怖いです、私はどうしたらいいですか。近い家族や大切な友達には訴えました。もう人が何人も[redacted]います。どうするのが賢明ですか。もう私のXもニュースサイトもおかしいです…成田さんお願いします……どうか、どうか」

（注：どこかの誰かから送られてきた妄想や脅迫を全文引用しようとしていたが、他者の自由に配慮して一部自粛）

めくるめく妄想や主張、脅迫がインターネットやＳＮＳ上にあふれている。私にも際限なく送られてくるし、公開の場で堂々とやる猛者も多い。そこには思想と言論の自由があふれている。

この本の主題「自由」は狂気と裏表である。「市民としての自由、社会において個人が享受すべき自由」は危険である。正確に言えば、制限のない自由は。正義感や信仰心に駆られた者が別の正義感や信仰心を社会的に、そして肉体的に抹殺しようとする自由きわまる光景に私たちは慣れている。正義や信仰ならまだましだ。ただの嫉妬や嫌悪に駆られて他者を殲滅《せんめつ》しようと必死な自由人にも事欠かない。キリストも、ソクラテスも、ガリレオ・ガリレイも、そうして人々に殺された。

『自由論』出版から１６５年を経た２０２４年でも同じだ。他民族・国家のジェノサイド、政治家や活動家の暗殺、有名無名あらゆる人々へのネットリンチまで、ある人の自由の肯定はいとも簡単に別の人の自由の否定に帰結する。別の人の殲滅《せんめつ》まですぐに行く。

「自由よ、お前の名のもとになんと多くの罪が犯されたことか！」（ロラン夫人が処刑直前に放った言葉）

だから自由の本質は自由の否定である。自由の条件である。自由が本当に自由なのはいつか？　自由を抑圧していいのはどんなときか？「社会は個人に対し、どのような権力を、どの程度まで行使できるか」という程度問題である。気持ち悪いからといって抹殺していいわけではない。頭がよさそうで何を企んでくるかわからないから弾圧していいわけでもない。生まれが悪いからでもない。ではなんなのか？

「危害原則」である。

「個人として、あるいは集団として、他者の行動の自由に干渉することが正当だと見なされるのは、自己防衛を目的とする場合だけである」とミルが要約する原則だ。単純明快なこの原則は、歴史のさまざまな先駆者の思考を統合する。

「あらゆる支配を免れし完全なる自由は、他の人々による節度を有せし支配に少なからず劣るなり」（プラトン）

「互いに自由を妨げない範囲でわが自由を拡張すること。それが自由の法則である」（カント）

一見すると平凡なこの自由観は力強い帰結をもつ。自由は連続的であるより離散的なものだという帰結だ。ある自由が別の自由より偉いか尊いか、価値が高いかどうかは判断しない。許される自由とそうでない自由があるだけだ。だから自由は多様になる。大小や高低、貴賤のヒエラルキーなく、ただ許される自由たちが生えてうごめく。『自由論』は多方向に散乱する自由への条件付き賛歌である。

実際、自由（free）という英語の語源をたどると友人（friend）にたどり着くらしい。自由であるとは、どっちが偉いとかすごいとか関係ない友だち的で対等なつながりのなかで生きること。自由とはその起源から垂直統合的ではなく水平散乱的なものなのかもしれない。

だから新しい自由も繁殖する。実際、人間はここ数百年どんどん視野を広げ、自由や権利の持ち主の範囲を押し広げてきた。かつてはドヤ顔で無視しリンチし奴隷にしていたあらゆる人種、あらゆる性別、あらゆる少数派に権利・自由を与えたと思ったら、今度は動物の権利を考え、環境の権利まで考えるようになった。

こんな例さえある。人間は殺されない自由をもつ。では自然は壊されない自由をもつだろうか？　ニュージーランドで3番目に長い川（ワンガヌイ川）は、法的に人格や権利をもっていると2017年に認められたという。川を汚染した犯人を川自身が訴えることもできる。自由と権利を獲得した川や山や森が裁判や選挙に出てくる世界がそろそろ来るのかもしれない。一部の人類の自由がいまだに蹂躙《じゅうりん》されている今日もまた、その陰で新しい自由が勃興している。動物の自由、植物の自由、自然の自由、

AIの自由、宇宙の自由。21世紀の自由論が求められている。

以上は要約ではない。解説でもない。自由論に触発された断章・断片である。ミルについても、政治哲学・思想についても素人だからこそ思い浮かんだことを勝手気ままに書き散らしてみた。そんな自由をミルなら肯定したはずだから。

街全体がミストサウナ化した真夏の東京で通勤ラッシュの山手線に乗り
手に垂れてきた隣人の汗から自己防衛する
自由を行使したくてもできない不自由に縛られながら

成田悠輔

［注］
・本文の翻訳および内容に関しては編集部がその責を負うものであり、「まえがき」を執筆した成田悠輔氏には一切の責任はありません。

すらすら読める新訳　自由論

目次

カバーデザイン　井上新八
本文デザイン　荒井雅美（トモエキコウ）
DTP　天龍社
翻訳協力　株式会社リベル
編集協力　株式会社鷗来堂

[注]

・本書の翻訳に関しては編集部がその一切の責任を負うものである。

・改行、1行空きなどは編集部で適宜調整した。

・小見出しや太字は編集部で新たに付け加えた。

・本文中［　］内は訳注。

・本文中の表現はできるだけ原文を尊重した。

本書で展開されるすべての議論は、ひとつの主要な基本原理に収束する。それは、人間の多様性が最大限に発展することは、絶対的かつ決定的に重要だという原理である。

——ヴィルヘルム・フォン・フンボルト『政府の領域と義務』

最愛の女性との思い出に本書を捧ぐ。

私が数々の著作を世に送り出せたのは、彼女が背中を押し、ときには共同で執筆にあたってくれたおかげだ。

彼女はよき妻であると同時に、よき友でもあった。真実と正義に対するその並外れた感覚は、ほかのどんなものよりも私を刺激してくれた。彼女の賞賛の言葉は、ほかのどんな褒美よりもうれしかった。

これまでに発表したすべての著作と同じく、本書も妻とともに書きあげたものだ。彼女のきわめて的確な指摘は、私の執筆に不可欠なものだった。しかし今回だけは、妻に入念なチェックを頼めなかった。いくつかの重要な部分を最後に細かく見てもらうつもりだったのだが、もはやその希望がかなうことはない。妻がもっていた偉大な思想と高貴な感情は、肉体とともに葬られてしまった。

せめて、それらの半分だけでも人々に伝えられたら、と思わずにはいられない。それができれば、私がひとりで書くどんな本よりも、世の中に大きな貢献を果たせることだろう。

第1章 はじめに

社会において個人が享受すべき自由

この本のテーマは、いわゆる「意思の自由」ではない。つまり、哲学的な意味での「必然」に対立する「自由」について論じるつもりはない（この「必然」という概念は誤解されやすいものだが、ここで詳しく触れるのはやめておく）。本書で取りあげるのは、市民としての自由であり、社会において個人が享受すべき自由である。言い換えれば、「社会は個人に対し、どのような権力を、どの程度まで行使できるか」についていて書いた本ということになる。

この問題が世間の関心を集めたり、議論のテーマになったりすることはほとんどない。だが、表に出てこないだけで、現代のあらゆる論争に影響を与えている。近い将来、社会における「最も重要な問題」のひとつとして扱われることになるだろう。

また、この問題は最近になって登場したものではない。むしろ人類は、この問題をめぐって長きにわたる論争を重ねてきたと言ってもいい。だが、事情はずいぶん変わった。人類のほとんどが文明化を経験し、進歩した社会を生きている現在、かつてと同じ条件でこの問題を論じるのは不可能だ。自由という概念に迫るなら、もっと根本的な部分に焦点を当てなければならない。

支配者は民衆の「敵」であり「味方」であった

自由と権威の争いがはっきり表れていた国として、ギリシャとローマとイギリスが挙げられる。いずれも、私たちが歴史の授業で最初に学ぶ国だ。こうした争いは、支配される側（あるいは支配される側の一部の階級）と政府のあいだに生じるものだった。そのため、当時の自由とは「支配者による圧制から守られること」を意味していて、「支配者（政府）と被支配者（民衆）は必ず対立する」という暗黙の前提も存在した（古代ギリシャに存在した民主的政府の一部は例外だが）。

支配者の座に就くのは、権力をもつ個人や部族、あるいは特定の階級の人々で、その権威は「世襲」か「征服」によって確立された。つまり、民衆の意思とは関係なく支配者が生まれていたのだ。しかし、民衆がその状況を変えようとしたことはない。支配者が暴虐の限りを尽くさないよう警戒するだけで、支配者に立ち向かう者は現れず、そもそも立ち向かうという考え自体が出てこなかった。

支配者の権力は、いわば諸刃の剣だ。外敵と戦うためには強大な力が必要になるが、その刃はいつ自分たちに向けられてもおかしくはない。また社会には、弱者を食い物にしようとする〝ハゲタカ〟が数えきれないほどいる。そうした連中が幅を利かせないように、ハゲタカを抑えつけられる圧倒的な強者が社会には必要なのだ。

だが、ハゲタカの王もしょせんはハゲタカであり、弱者を餌食にするという点では変わらない。民衆はつねに、支配者のくちばしと爪に警戒していなければならなかった。

そうしたなかで、愛国者たちは、支配者が国民に対して行使できる権力を制限しようとした。ここでいう「制限」こそ、当時の「自由」という言葉が意味したものだ。自由を手に入れるために、彼らはふたつの方法を考案した。

第一に、「政治的自由」あるいは「政治的権利」と称した国民の権利を支配者に認めさせること。支配者はこの権利をけっして侵害してはならず、もし侵害した場合は、国民は個々に抵抗するか、団結して反乱を起こしてもいいとされた。

第二に、憲法を制定して支配者の力を抑制すること。国にとって重要な問題が生じ、支配者がなんらかの権力を行使する場合は、社会の同意を得るか、社会の利害を代表すると見なされた特定の団体の同意を得なければならないとされた（この第二の手段が一般的になったのは、ずいぶんあとになってからだ）。

第一の方法は、国によって程度の差はあったが、ヨーロッパのほとんどの国で受け入れられた。しかし、第二の方法はすぐには受け入れられなかった。そのため、この第二の方法を自国に取り入れること（すでに多少は取り入れられている国ではこれを完全なものにすること）が、自由を求める人々の主要な目標になった。

当時は、これ以上の自由を求める動きは起こらなかった。なぜなら、支配者は民衆の「敵」であると同時に、他国の敵と戦ってくれる重要な存在でもあったからだ。支配者の権力が暴走しないという保証があるかぎり、民衆は支配される側に立つことを受け入れていた。

選挙によって支配者を選ぶシステムの誕生

だが、社会の進歩にともない、人々の考え方も変わった。国民の意思とは関係なく支配者が誕生し、権力をふるい、国民の利益を損なうことは、もはや当然のことではなくなった。国民の意思で選ばれた者が国を動かす立場に就き、国民が解任を求めた場合はただちに解任されるべきだと考えられるようになったのだ。権力の暴走を防ぎ、国民の利益を守るには、そういうシステムを取り入れるしかないというのが一般的な見解だった。

結果的に、民主的な政党が存在するあらゆる国で、選挙によって支配者を選び、一時的に権力をもたせるシステムを採用しようとする動きが起こった。「支配者の権力を制限する」という目標は、すでに過去のものになった。「支配される側が支配者を選ぶ」という新たなシステムを求める闘いが進むなかで、人々はこう思いはじめた。自分たちはこれまで、「権力の制限」という考え方にとらわれすぎていたのではないか、と。

たしかに、支配者の利益と国民の利益が対立していた時代には、権力を制限する必要があったかもしれない。しかし、いま求められているのは、支配者と国民がひとつになり、支配者の利益と意思を国民のそれと一致させることだ。そうなれば、支配者の意思が国民を傷つけることも、支配者が暴虐の限りを尽くすこともなくなる。支配者には「国民に対する責任」が生じ、国民には「みずからの意思で支配者を解任する権利」が与えられる。国民は安心して支配者に権力をゆだね、その使い方を自分たちで指示できる。つまり、支配者の権力は「すべての国民の権力をひとつに合わせて使いやすくしたもの」になるということだ。

こうした考え方、あるいはもっと正確な表現を使えば「感覚」は、前世代のヨーロッパ自由主義においてはあたりまえのものだった。いまでも、ヨーロッパ大陸では一般的な概念になっている。「政府の行動には制限が必要だ」と考える思想家は、むしろめずらしいタイプだと言われるぐらいだ（存在しないほうがいい政府もあるが、それらは例外とする）。ここイギリスでも、一時期はこのような考え方（感覚）が広まっていた。もし、当時の世の中の状況が続いていたら、現代の人々も同じように考えていたかもしれない。

政府の権力を制限する必要性

とはいえ、どんな政治や哲学の理論であれ、広く受け入れられると、それまでは気づかなかった欠点や弱点が見えてくるものだ（これは理論に限らず、人間にもあてはまる）。たしかに、「支配者の力は国民の力そのものなのだから、支配者が国民に及ぼす権力を制限する必要はない」という考え方は、一見すると筋が通っているように思える。「民主的な政府」が理想や伝説だと思われていた時代なら、この考え方が通用するのも当然だ。

フランス革命が勃発し、政府が暴走する瞬間を多くの人が目撃したときでさえ、この考え方が完全にくつがえることはなかった。実際、フランス革命における最大の悲劇は、権力を奪った少数派が引き起こしたものだ。あの革命は、民主制が正常に機能していたときの出来事ではなく、「君主制と貴族制がもたらした圧政のせいで突発的に起きた反乱」だと言ってもいい。

だが、民主的な共和国であるアメリカが世界の大部分を支配し、国際社会で強い力をもちはじめてから、人々の認識は変わった。「選挙で選ばれた人々が支配者の座に就き、国民に対して責任を負う」というシステムを目の当たりにした他国の人々は、冷静にそのあり方を観察するようになったのだ。

やがて、「自治」や「国民が国民自身に対してもつ権力」といった言葉は机上の空論にすぎないと明らかになった。権力を行使する国民と権力を行使される国民はけっして対等ではないし、「自治」と呼ばれるものは、個人がみずからを統治することではなく、誰もが自分以外のすべての人によって統治されることを意味した。

さらに、「国民の意思」という言葉が指すのは、国民のなかでも最も人数が多い集団、あるいは最も活動的な集団の意思だった。つまりは多数派、もっと言えば「自分たちを多数派だと世間に認めさせた人々」の意思だ。

以上をふまえると、支配者が権力を乱用することと同じように、多数派が特定の集団を抑圧することにも注意を払わなければならない。政府が国民（正確には国民のうち最も強い集団）に責任を負ったからといって、政府の権力を制限する必要がなくなるわけではないのだ。

この考え方は、思想家にも、ヨーロッパ社会の主要な階級（民主主義と利害が対立する人、あるいは対立すると考えていた人）にも受け入れやすいものだったので、あっという間に新たな常識になった。現在の政治学では、「多数派の専制」は社会が警戒すべき害悪のひとつとされている。

多数派による個人への抑圧にも対策を講じるべき

あらゆる専制がそうであるように、多数派による専制も、当初は「国家権力を通じて行われるもの」として恐れられていた。いまでも、一般の人々はそのように考える傾向がある。

だが、賢明な人たちは違った見方をするようになった。社会という集団そのものが専制的になり、そこに属する個人を抑圧する場合、恐れるべきは「権力者たちの行動」だけではない、というのが彼らの考えだ。社会には「みずからの決定をみずから実行する権利」があり、実際にその権利を行使している。そして、それが正しい決定ではなかったり、社会が関与すべきではない問題についての決定だったりすると、恐ろしい結果がもたらされる。社会による抑圧は、一部の権力者たちによる政治的な抑圧とは違い、度をこした罰をともなうものではない。だがその代わり、個人は日常生活のありとあらゆる面まで圧力をかけられ、肉体だけでなく精神まで社会に支配される。そうなると、その状況から抜け出すのはほぼ不可能になる。

個人は身を守るすべを見つけなければならない。権力者による政治的な抑圧だけでなく、多数派の意見や感情による抑圧にも対策を講じるべきだ。多数派の人々は、自分たちの思想と慣習を社会全体の規範と見なし、あらゆる人にそれを押しつけようとする。そこに法的な拘束力がなくとも、少数派は多数派によって抑圧されてしまう。

また多数派は、自分たちの習慣と相容れない「個性」を目にしたら、それを抑えこもうとする。ときには、そうした個性が芽生えることさえ阻害しようとする。社会に属するすべての人を、ひとつの「型」に強引に押しこめる。そのような動きから身を守るためになんらかの対策が必要なのだ。

集団が個人の私生活に干渉する場合、そこには越えられない一線がある。その線を明確にして、それ以上の干渉を阻止することは、権力者による圧政を阻止するのと同様、人間が幸福に生きていくうえで不可欠だ。

時代の習慣がルールを決める

以上の考え方は、一般論としてなら誰もが同意してくれるだろう。だが、実際にどこで線引きをすべきか、つまり「個人的な独立と社会的な統率のバランスをとる」にはどうすればいいかとなると、はっきりした答えは見えてこない。個人が自分の生活をいいものにしようとすれば、多かれ少なかれ他者の行動を制限することになる。そのため、まずは法律によって個人の行動にルールを定め、法律で定めるのがむずかしい事柄については世論を通じて規制することが求められる。

重要なのは、どういうルールを定めるかだ。その内容しだいで、人々の生活の質は大きく左右されるだろう。ところが、この問題をめぐる議論は、一部の単純な部分を除いてなかなか進展していない。
理由のひとつは、この問題の答えが時代や国によって変わることだ。ある時代に、ある国で導き出された答えは、別の時代や別の国においては同意できないものになる。しかし、答えを導き出した当人たちは、自分たちの結論を「人類の普遍的な価値観に即したもの」だと思いこみ、そこに欠点があるとは考えもしない。自分たちがつくり出したルールは、自明かつ疑いようのないものだと錯覚する。

あらゆる時代、あらゆる国でこうしたことが起きるのを見れば、習慣がある種の魔力をもつことがよくわかる。「習慣は第二の天性である」ということわざがあるが、人はいつでも、習慣を第一の天性だと誤解してしまうのだ。
習慣の社会で生きるうえで、個人と個人は互いの行動に一定のルールを課している。しかしルールとは、一度定められたら、その存在理由を誰かに説明する必要がなくなるものだ。そのため、習慣の魔力が最大限に発揮され、人は自分が日々守っているルールに疑いを抱かなくなっていく。

ルールをめぐる問題を論じるにあたっては、理屈よりも感情が重視される傾向がある。そのため、筋の通った理由を示さなくてもいいと一般には考えられているし、哲学者を気取る人たちもその考え方を支持してきた。ルールに関して意見を表明するとき、人はみずからの感情を指針にする。つまり「自分あるいは自分と同じ考えをもつ人たちが望むような行動を、すべての人にとってほしい」という気持ちを優先するのだ。

もちろん、判断基準が「好み」だと自分から認める人はいない。それでも、自分の意見の裏付けとなる理由を説明できないなら、それは個人の好みでしかない。また、理由があったとしても、それが「自分と同じ考えの人たちの好みと合致する」というものであれば、結局は同じことだ。「個人の好み」が「複数人の好み」に変わっただけにすぎない。

個人的な好みが道徳やルールを形づくる

とはいえ、大衆からすると、個人的な好みというものはじゅうぶんかつ唯一の判断基準になる。道徳、嗜好、礼儀といったものに関して、自分が信仰する宗教の信条に明記されていない部分があれば、「多くの人の好みと合致している」という理由で判断を下すのは当然のことだ。もっと言えば、宗教の信条として明示されていることに関しても、その解釈は個人の好みにゆだねられることが多い。

人はさまざまな理由から、他者に「こうしてほしい」「こうしてほしくない」という願望を抱く。そして人の願望というのは、それがどういうものであれ、きわめて多くの要因に影響される。それは理性のときもあれば、偏見や迷信のときもある。たいていの願望は社会的な感情から生じるが、反社会的な感情（傲慢さ、嫉妬心、軽蔑心）に起因するものも少なくない。だが、何より一般的な要因は、人々の個人的な欲望や恐怖、すなわち「自己利益」である。自己利益には、正当なものと不当なものがあると覚えておこう。

支配階級が存在する国では、支配階級の利益と特権が道徳の大部分をつくり出す。古代スパルタの市民と奴隷、農園主と黒人、君主と臣民、貴族と平民、男性と女性の関係における道徳も、支配階級が利益を得て、特権を享受した結果できたものだ。このような道徳は、支配階級の内部の上下関係にも適用される。

一方、かつての支配階級が力を失った国や、民衆が支配階級に抵抗するようになった国では、「支配への強い嫌悪」が道徳の特徴になりやすい。

ある行動を推奨すべきか禁止すべきかは、法律や世論によって規定される。だが、もうひとつ重要な原則がある。人々は、自分の支配者や信仰する神がどう思うかを推測し、それに従おうとするのだ。そうした行為は本質的に利己的なことだが、偽善ではない。しかし、崇高なる存在に従おうとすれば、やがて「純粋な憎悪」が生まれる。その憎悪こそが、魔女狩りや異端審問へと人々を駆り立てたのだ。

このように、道徳はいくつもの小さな要因によって方向づけられるものだ。もちろん、社会全体の利益という大きな要因もあるが、これに関して留意すべきことがある。道徳を形づくるのは、社会の利益に関する理性的な判断ではなく、社会の利益に対する個人の好き嫌いだ。さらに、社会の利益とはなんの関係もない、ありとあらゆる個人の好みまでもが、社会の利益に匹敵するほどの大きな影響を及ぼしている。

信教の自由が実際に確立されている国は少ない

以上をふまえると、社会のあらゆる人（もしくは社会における一部の有力者）の好き嫌いこそが、ルールを生み出す要因ということになる。私たちはそのルールを守ることを義務づけられ、守らなければ法律や世論によって罰せられる。

この社会には、人よりもすぐれた思想や感性をもつ者が一定数いるが、そういう人たちは状況を変えようとしてこなかった。細かい点に関して異論を唱えることはあっても、基本的には現状を受け入れている。

彼らは、社会が何を好み、何を嫌うかについては熱心に探求したが、「個人の好き嫌いが別の個人の行動を制限していいのか」という根本的な問題については真剣に考えなかった。自分が少数派となっているいくつかの論点について、多数派の意見を変えようと懸命に取り組んではいたが、ほかの少数派と協力しながら「自由を守る」という大義を掲げようとはしなかったのだ。

ただし、個人の好みに関係なく、確固たる原理が存在する分野がひとつだけある。それは「宗教的な信仰」だ。宗教にまつわる問題は教訓に満ちている。とくに重要なのは、「道徳感情は往々にして間違った方向に進む」という事実をはっきりと示している点だ。ある宗教を過度に信仰する者が、別の宗教に対して抱く憎悪は、最もわかりやすい道徳感情だからだ。

かつて宗教改革者たちは、「普遍的な教会」を自称するカトリック教会の支配から抜け出した。しかし、新たに生まれた思想も、宗教上の意見の違いを許容しないという点ではカトリック教会と同じだった。結局、この宗教的な対立は決着がつく前に熱が冷め、どの教会や宗派も、これ以上規模を大きくするのはむずかしいという状況になった。そのため少数派は、宗教上の意見の違いを認めてほしいと多数派に頼まざるをえなかった。

このように、宗教的な対立がある場合に限っては、社会に対する個人の権利が「基本的な原理」として主張された。社会が少数派の意見を抑えつけることに対し、公然と反対できたのだ。信教の自由を確立しようとした偉大な思想家の多くは、「良心の自由」を不可侵の権利だと主張し、「人は自分の信仰について他者に説明し、許可を得る責任がある」という考えを真っ向から否定した。

しかし、心から大切にしているものについて考えるとき、人はどうしても不寛容になってしまう。そのため、信教の自由が実際に確立されている国はきわめて少ない。一部の国では、神学論争で平和が脅かされるのを避けるために信教の自由が認められているが、それはあくまでも例外的なケースだ。宗教的に寛容な国の宗教家でさえ、少数派の意見を認めるにあたっては暗黙のルールを定めている。たとえば、「教会の組織体制についての異論は認めるが、教義についての異論は認めない」という人もいれば、「どんな意見も認めるが教皇絶対主義者《パピスト》や一神論者《ユニテリアン》だけは認めない」と考える人もいる。「キリストを信仰する宗教ならすべて認める」という人もいれば、「神と来世を信じていない場合のみ認めない」と考える人もいる。純粋かつ熱心な信者が多数派を形成する地域では、「少数派は多数派に従うべきだ」という考え方がいまだに根強く残っている。

イギリスには政府介入の原理や原則が存在しない

政治の歴史が少し特殊なイギリスでは、ヨーロッパのほかの国と比べて世論が強い影響力をもつが、法の束縛は弱い。議会や政府が個人に干渉することに対して、国民はかなりの警戒心を払っている。とはいえ、これは個人の独立が尊重されているからではなく、「政府は国民と利害が対立するもの」という考え方が残っているからだ。この国の多数派は、「政府の権力は自分たちの権力であり、政府の意見は自分たちの意見だ」という感覚をまだ身につけていない。この感覚が一般的になれば、イギリスにおける個人の自由は、世論と同じぐらい政府の干渉を受けるようになるだろう。

しかし、新たな法律を定めて個人を規制しようとすれば、国民のあいだで強い反感が生まれるのは間違いない。しかもその感情は、法律の内容が適切かどうかに関係なく、法律が定められたという事実に対して生じるのだ。支配に対する反感はけっして悪いものではないが、個々のケースを検証すると的外れのものもそれなりにあるとわかる。

政府の干渉が適切か不適切かを判断するための原則はまだ確立されていない。個人はそれぞれ、自分の好き嫌いに従って判断を下しているのが現状だ。社会のためにすべき「いい」こと、あるいはやめるべき「悪い」ことがあったとき、人にはふたつの選択肢が与えられる。政府にその役割を任せようとするか、政府に新たな権限を与えるぐらいなら何もさせないほうがましだと考えるかのどちらかだ。どちらを選ぶかは、その人が政府をどう思っているかや、その問題にどれほど関心があるかによって決まる。また、政府が国民の望んだとおりに動くのか、それとも結局は国民の意に沿わないことをするのか、という予測も判断材料になる。だが、「こういう事例なら政府に任せる（任せない）べきだ」という一貫した基準はほとんどない。

原理や原則が存在しない以上、間違いが起きるのは避けられない。不必要に政府の介入を求めるケースも、政府の介入に不当な批判を浴びせるケースも、同じぐらいの頻度で見られるのが現状だ。

力の行使が認められるのは危害を防ぐ場合のみ

本書の目的は、ある単純な原理を示すことだ。社会が「強制」と「抑制」によって個人に干渉する場合、「法律による刑罰」という物理的な圧力か、「世論による非難」という精神的な圧力が用いられる。だが、どちらの手段がとられたとしても、その干渉が正当か不当かを決定づける原理がひとつだけ存在する。

その原理とは、ひとことで言えば次のようなものだ。

「個人として、あるいは集団として、他者の行動の自由に干渉することが正当だと見なされるのは、自己防衛を目的とする場合だけである」

この文明社会において、個人に対して力を行使することが正当化されるのは、ほかの人々に危害が及ぶのを防ぐ場合に限られる。「物質的（または精神的）に相手のためになるから」という理由は、干渉を正当化するには不十分だ。相手のためを思っていようが、相手の幸福につながるのが明らかだろうが、一般的に正しいことだと思われていようが、ある行動を強制したり、禁じたりする正当な理由にはならない。

いま挙げた理由は、相手に対する忠告や説得、あるいは何かを頼みこむ際の材料としては役に立つだろう。しかし、相手の行動が他者に危害を及ぼすのでなければ、こうした理由を持ち出して何かを強制したり、応じなかったときに罰を与えたりはできない。個人の行為のうち、社会に対する責任が生じるのは、その行為が他者に影響するときだけだからだ。自分自身にしか影響しないことに関しては、個人は絶対的かつ当然の権利として独立することが認められる。人はみな、自分の身体と心の主権をもっているということだ。

自由の原則が効力を発揮するとき

言うまでもなく、この原則が通用するのはじゅうぶんな判断能力をもつ人だけだ。つまり、子どもや未成年の若者にはあてはまらない。一定の年齢に達していない人は危害から守られる必要がある。それが本人の行動によって生じる危害であれ、外部からもたらされる危害であれ、誰かが責任をもって彼らを守らなければならない。

同じ理由で、文明がじゅうぶんに発達していない民族にもこの原則は通用しない。なぜなら、文明の発展には困難がつきものであり、そうした困難を乗り越えるためには手段を選んでなどいられないからだ。改革のために必死になっている支配者は、目的を達成する手段がほかにないのであれば、何をしても「不当」とは見なされない。文明から取り残された民族を進歩させるためなら、専制政治も正当化されるということだ（もちろん、目的を達成できた場合に限ってだが）。

自由という原則は、いつでも適用できるものではない。人々がなんの制約も受けず、対等な立場で話し合い、議論を通じて社会をよくしていける段階に達して初めて効力を発揮するものだ。社会がその段階に達していないなら、アクバル〔インドのムガル帝国の君主〕やカール大帝〔フランク王国の君主〕のような人物に服従するしかない。そして残念なことに、彼らのようなすぐれた支配者はめったに現れない。

しかし、個人がそれぞれ信念をもち、他者を説得しながら社会全体を進歩させられるようになれば、自由の原則が効力を発揮する（本書を手にとった方は、とっくにその段階に達した社会で生きているはずだ）。そういう社会では、直接的な強制も、苦痛や刑罰を用いた間接的な強制も、「それが相手にとっていいことだから」という理由では許容されない。他者への強制が認められるのは、ほかの人々に危害が及ぶのを防ぐ場合だけだ。

行為の統制は他者の利害にかかわる場合のみ可能

ここで、はっきり述べておきたいことがある。「個人の権利がどんな利益をもたらすか」という具体的な話をせず、抽象的な観念について語るだけでも、ここまでに書いた私の主張は裏づけられるだろう。正直なところ、私としてもそのほうがずっと楽だ。しかし、本書ではあえて具体的な話をしたいと思う。倫理について考える以上、最終的な基準になるのは「実用性」にほかならないからだ。重要なのは、どのような実用性に焦点を当てるかだ。進歩を続ける人間にとって、永久に変わらない利益とは何か、最も広い意味での実用性とは何かを考えなくてはならない。

人類の利益という観点に立てば、「個人の自発的な行為が他者の利害にかかわる場合に限っては、その行為を外部から統制できる」という考え方にも納得がいくのではないだろうか。他者に害を与える行為には、法律によって罰が与えられる。なんらかの理由があって罰が与えられないケースもあるが、それでも世論による非難は避けられない。これは当然のことだ。

さらに世の中には、「他者の利益のためにこれをしなければならない」というルールを定めるべきケースも少なくない。具体的には、「法廷で証言を行うこと」がそれにあたる。また、ある共同体に属し、なんらかの恩恵を受けている人は、その共同体の利益のために必要な作業（たとえば防衛）に従事する必要がある。生命の危機にさらされている人や、虐げられている弱者を救うために行動を起こすこともわかりやすい例だ。このような行動をとるべき状況で、見て見ぬふりをする人がいたらどうだろう。その人は社会に対する責任を問われるのが筋ではないだろうか。

何かをしたせいで他者に危害を加えた人も、何かをしなかったせいで危害を加えた人も、その危害について責任を負わなければならない。ただし後者の場合、外部の力を行使して責任を負わせるとしても、慎重な判断が必要になる。

原則として、「行為」によって責任を問われるのは当然だ。しかし「不作為」によって責任を問われるのは例外的なケースだと言える。だが、明らかに個人に責任があり、その責任が重大なものである場合は、この例外が認められる。実際、そのようなケースはじつに多い。人は誰でも、他者とかかわるあらゆる場面において、その関係者に対し、そして自分とその人が属する社会に対して責任を負うということだ。

場合によっては、個人に責任が生じないケースもあるだろう。しかし、そのようなケースには特殊な事情がなければならない。たとえば、社会が権力を行使して個人を抑えつけるよりも、本人の自由意思を尊重したほうが、その人物の行動が改善されると思われるとき。あるいは、社会がその人物を抑えつけることで、より大きな危害が他者に及ぶと想定されるときだ。

このような理由で責任を問われなかった人は、みずからの良心と真摯に向き合い、社会に守られていない人たちのために行動を起こしてほしい。他者による裁きを受けなかった人は、自分の手でより厳しい判決を下さなければならない。

「社会の利害と無関係」な行動

ここで、社会と個人を完全に切り離されたものとして考えてみよう。すると、社会の利害とは関係ない（あるいは「間接的な」関係しかない）種類の行動があるとわかる。そうした行動は、基本的に本人にしか影響を及ぼさないし、他者に影響を与えるとしても、その他者がみずから自発的にその行動に関与する場合に限られる。

「本人にしか影響が及ばない」というのは、要するに「他者に直接的な影響を及ぼさない」ことだと覚えておこう。というのも、本人に影響を与える以上、その本人を介して他者に影響を与える可能性はゼロではないからだ。このような「不測の事態」について論じると長くなるので、あとで詳しく取りあげたい。

さて、先ほど述べた「社会の利害と（直接的には）無関係」な領域こそ、個人の自由な領域だと言える。この領域はいくつかの分野で構成されている。

第一に、「意識」という内面の分野。ここでは、最も広い意味での「良心の自由」が求められる。思想と感情の自由、意見と感想の自由が、実際的か思想的かにかかわらず認められなければならない。それが科学に関するものであれ、倫理に関するものであれ、宗教に関するものであれ、例外ではない。言論や出版における「表現の自由」は、たとえ個人の行動であっても他者に影響を与えかねないため、ここには含まれないと思うかもしれない。しかし、表現の自由は「思想の自由」と同じくらい重要であり、同じ理由によって認められるべきものなので、実際には両者を切り離すことはできない。

第二に、「好き嫌いの自由」と「目的追求の自由」。人はみな、自分の性格に適した人生を設計し、自分の願望に従って行動する自由をもつ。どんな結果も受け入れることと、他者に害を及ぼさないことを徹底できるなら、たとえ愚か者だと思われようが、変わり者と言われようが、悪者として嫌われようが、何をしようと本人の自由だ。その人の行動をさまたげる権利は誰にも与えられていない。

第三に、「団結の自由」。一定の制限のもとで個人の自由が認められるなら、個人と個人の団結もそこに含まれる。他者に害を及ぼさないなら、人は目的に関係なく自由に団結できるのだ。ただし、団体に加わる人が成人であることと、その人が強制されたりだまされたりしていないことが条件になる。

以上の自由がじゅうぶんに尊重されていない社会は、どのような政治体制をとっているとしても「自由な社会」ではない。また、こうした自由が絶対的かつ無条件なものだと見なされていない社会は、「完全に自由な社会」にはなりえない。

他者の幸福を奪ったり、幸福になるための他者の努力を邪魔したりしないかぎり、自分なりの方法で自分の幸福を追求できること。そのような自由だけが、「自由」と呼ばれるに値するのだ。

人はみな、自分の心身の健康を自分で守る権利をもっている。誰かが定めた価値観をすべての人に押しつけるよりも、それぞれの人が自分の価値観に従って生きるほうが、人類全体として見ればずっと有益だ。

いまだ個人を支配しようとする権力

以上の原理は、最近になって生まれたものではない。読者のなかには、言われなくてもあたりまえだと思う人もいるだろう。だが実際のところ、この原則は、いま主流になっている世論や慣行に真っ向から対立している。

私たちの社会には、個人の「理想の姿」というものが存在する。社会の一員として、そしてひとりの人間としてすぐれた人物を育てるために、支配者たちは並々ならぬ努力を重ねてきた。古代の共和国では、「政府は個人のあらゆる行動を規制する権限をもつ」と考えられていたし、哲学者たちもその考え方を認めていた。国民の知性と肉体を強化することは、国家にとって何よりも重要なことだったのだ。

たしかに、強大な敵に囲まれていた小さな共和国なら、そう考えるのも当然かもしれない。そういう国は、外部から攻撃を受けたり、内部で反乱が起きたりすれば、あっという間に滅びかねない。そのため、政府はたえず神経をとがらせ、あちこちに目を光らせる必要があった。そのような状況下では、自由を尊重するのはむずかしい。長期的に見れば、自由がいい結果を生むとわかっていたとしても、それまでじっと待つような余裕はなかったのだ。

だが、いまでは事情が変わった。一国の規模がはるかに大きくなり、さらに宗教指導者と政治指導者が分離されたことで、人々の私生活の細かい部分を法律で統制できなくなったのだ。一方で、社会ではなく個人に目を向けると、主流とされる考えからの「逸脱」にはいっそう厳しくなった。「法律」ではなく「道徳」を通じた抑圧が一般的になったことがその理由だ。人類のあらゆる行為を統制しようとするカトリック教会の野心とプロテスタントの精神が生んだ結果だと言っていい。人は宗教の影響を受けて道徳感情を形づくるが、人類は長いあいだ、このふたつの教派に支配されてきた。

カトリックとプロテスタントの考え方に強く反対してきた現代の改革派のなかにも、「権力者は他者の精神を支配できる」と主張する者がいた。代表的なのはオーギュスト・コントだ。彼が『実証政治体系』で提示した社会制度は、法律ではなく精神に訴える方法を通じて、あらゆる個人を支配しようとするものだった。厳格な古代の哲学者たちが「理想の政治」として示したどの制度を見ても、コントの考えほど厳しいものはない。

道徳的な信念をもって権力を抑制する

「個人に対する社会の権限を拡大すべきだ」と声高に主張するのは、いまや一部の思想家だけではない。一般の人々でさえも、世論や法律の力を使って社会に力をもたせようと考えるようになった。いま世界規模で起きている変化はすべて、社会の力を強め、個人の力を弱めるものばかりだ。つまり、このままぼんやりしていたら、社会はますます個人に対して不当な干渉をするようになるということだ。

支配者か一般市民かに関係なく、人は自分の考えと好みを「ルール」として他者に押しつけたいと思うものだ。そしてその傾向は、人間性に付随するいくつかの「最良の感情」と「最悪の感情」によって支えられている。そのため、この傾向に歯止めをかけるには、権力そのものを制限するしかない。しかし実際のところ、権力は弱まるどころか強まる一方だ。道徳的な信念をもって権力を抑制しないかぎり、状況はいっそう悪くなっていくだろう。

「思想の自由」「言論の自由」「出版の自由」

さて、以降の章では本題を扱うことにするが、いきなり一般論について語るつもりはない。最初は、ここまでに述べてきた原理が（少なくともある程度まで）世論に認められている分野に絞って論じていきたい。その分野とは「思想の自由」である。この自由と同じジャンルに属する「言論の自由」と「出版の自由」もあわせて取りあげようと思う。

宗教に関する制約が緩く、自由な社会制度を設けている国においては、思想の自由が政治道徳の基盤になっている。だが理論的に、あるいは実際的に、この自由が認められる「根拠」を理解している人はほとんどいない。一般の人々だけでなく、世論を動かす指導者たちでさえ、よくわかっていないのだ。

この根拠を正しく認識すれば、思想の自由だけにとどまらず、ありとあらゆる分野の自由にも適用できるだろう。言い換えれば、思想の自由について徹底的に考察することは、すべての自由について考える第一歩だ。

だから私は、3世紀にわたって何度も論じられてきたこのテーマにふたたび焦点を当てることにした。すでに飽き飽きしている読者もいるかもしれないが、どうかお付き合いいただきたい。

第2章 思想と言論の自由

「出版の自由」

「出版の自由」は本来、腐敗した政府や専制的な政府に対抗するための手段だった。しかし、時代は変わった。議会や政府が国民の不利益になる考えを押しつけたり、国民が触れる教義や思想を制限したりすることに、いまさら反対論を唱えて騒ぐ必要はない。それに、この問題については、すでに多くの知識人がすぐれた持論を展開しているので、本書であらためて何かを主張するつもりもない。

イギリスにおける出版の自由は、いまでもチューダー朝の時代（1485〜1600

3年）と同じくらい厳しく法律で制限されているが、この法律が政治的な議論に影響を及ぼすことはないだろう。もっとも、内乱の気運が高まり、政府高官と裁判官がパニックに陥って冷静な判断を下せなくなったとしたら話は別だが。

立憲制をとっている国では、政府が国民に対して完全に責任を負うかどうかにかかわらず、「言論の統制」が頻繁に起きるとは思えない。例外といえるのは、少数派に対する世論の風当たりが強くなり、政府が国民の代わりに行動を起こす場合ぐらいだろう。

そのことをふまえて、次のように仮定したい。「政府と国民は完全に一体のものである。そして政府は、国民の意に沿わないかたちで言論の自由を統制しようとは考えない」と。

言論の自由をさまたげる権利は誰にもない

私はそもそも、他者の言論の自由をさまたげる権利は誰にもないと思っている。国民自身が行動を起こす場合であれ、政府に行動を任せる場合であれ、この結論は変わらない。言論を統制するための権力は、本質的に不当なものだ。どれだけ立派な政府でも、どれだけ腐敗した政府でも、そのような権力を行使してはならない。世論に従って権力をふるったとしても、世論に反対して権力をふるったときと同程度の悪影響がもたらされる。場合によっては、もっとひどい結果が待っているかもしれない。

ほぼすべての人の意見が一致していて、異なる意見を主張する人がひとりだけいるとしよう。そのような場合でも、そのひとりを沈黙させてはならない。それは、ひとりの権力者が自分以外の全員に沈黙を強いるのと同じぐらい不当な行為だ。もし意見というものが「所有者以外にとってはなんの価値もなく、ある意見をもつことを禁じたとしても所有者以外は損害をこうむらないもの」だとしたら、ある意見を認めるか否定するかの判断は、損害を受ける人がどれだけいるかに左右されるだろう。

だが実際は、ある意見を否定したときの損害はもっと大きく、人類全体にまで及ぶ。しかも、そのときの世代だけでなく、あとの世代までもが悪い影響を受けるのだ。

また、「否定された意見をもつ人」よりも「その意見に反対する人」のほうが深刻な損害をこうむると覚えておこう。なぜなら、その否定された意見が本当は正しかったときに、間違いを認めて考えを改める機会がなくなるからだ。反対に、否定された意見が実際に間違っていたとしても、否定した側はやはり損害を受ける。正しい意見と間違った意見をぶつけ合い、真理を磨きあげ、いままで以上に理解を深めるチャンスを失ってしまうのだ。

「否定された意見が本当は正しかった場合」と「否定された意見が実際に間違っていた場合」は議論すべき点が異なるので、別のテーマとして扱う必要がある。

だが、ここでひとつ言っておきたい。ある意見が確実に間違っていると言いきることはできないし、仮にできたとしても、その意見の発表を禁じるのは有害なことだ。

「否定された意見が本当は正しかった場合」

まず、「否定された意見が本当は正しかった場合」について考えてみよう。ある意見を抑えこもうとするとき、人は当然、その意見を「正しくない」ものだと主張する。しかし、そう主張する人が確実に「正しい」とは限らない。人類全体のために判断を下す権限も、ほかの人々から判断材料を取りあげる権限も、その人には与えられていない。

「私の考えでは、この意見は確実に間違っている」という理由で他者の意見を否定することは、「自分にとって確実なことはぜったいに確実だ」と言うのと変わらない。つまり、自分の無謬性《むびゅう》を宣言するに等しいのだ。

つまらない主張だと思った人もいるだろう。だが、ある意見を抑えこむのが許されない理由としては、これでじゅうぶんだ。つまらないものが役に立たないとは限らない。

言うまでもなく、人は誰でも間違いを犯す。だがこの事実は、一般論としては誰もが認めているにもかかわらず、具体的な問題について考えるとなるとよく忘れられてしまう。人類の良識という観点からすると、これはじつに不幸なことだ。

誰もが少なからず何かを間違えた経験があるのに、間違った場合に備えておこうとはなかなか思わない。絶対的に正しい意見など存在しないと頭ではわかっていても、自分が信じている意見を疑うことができないのだ。

専制君主のように、他者から無条件に服従されることに慣れきった人の場合、「自分の意見はいつでも正しい」と思ってしまうのも無理はない。その意味では、一般の人々のほうが恵まれていると言えるだろう。他者から反論されることも、間違いを指摘されることもあるので、自分が完全に正しいと思いこむ人は少ないからだ。

しかし一般人も、身近な人全員が同じ意見を支持していたり、尊敬している人が自分と同じ意見をもっていたりすると、自分が間違っている可能性について考えられなくなる。自分ひとりの判断に自信がもてない代わりに、世間の判断に過剰な信頼を寄せてしまうのだ。だがその人にとっての「世間」とは、日常的に接している人たち、たとえば同じ党派、宗派、教会、社会階級に属する人たちのことだ。国全体、あるいは同時代に生きるすべての人を「世間」としてとらえている人がいるなら、その人はきわめて自由で器の大きい人だと言える。

世間も時代も間違いを犯す

世間への無条件の信頼は、ひとたび形成されるとたちまち揺るぎないものになる。

時代、国、宗派、教会、社会階級、党派が異なれば、自分と正反対の意見をもつ人もいると頭ではわかっているのに、自分にとっての世間を信じこんでしまう。別の世間に対しては、自分たちのほうが正しいと主張しながらも、その責任はすべて自分の世間に負わせる。だが、その人がいまの世間を信頼するようになったのは偶然にすぎない。ロンドンに生まれてイギリス国教会の信者になった人は、「もし北京に生まれていたら仏教か儒教を信じていただろう」と真剣に考えたりはしないのだ。

さらに、「時代」も個人と同じぐらい間違いを犯すものだ。歴史を振り返ると、どんな時代にも間違った意見、もっと言えば「ばかげた」意見がいくつもあったことがわかる。つまり、いま正しいとされている意見の多くが、将来的に否定されてもおかしくないということだ。

ここまでの話に対し、次のように反論する人もいるかもしれない。

政府は世間のあらゆることについて決定を下し、その責任を引き受ける。「間違った意見の拡散を禁じる」という決定も、そのうちのひとつにすぎない。そして政府は、なんらかの決定を下すときに、「自分たちがぜったいに正しい」などとは考えていない。

そもそも、人が判断力を与えられたのは、それを使うためだ。「間違った判断をするかもしれないから」という理由で判断力を使うことを禁じてもいいのだろうか。ある事柄を「有害」だと判断して禁止することは、「自分はぜったいに間違いを犯さない」と主張することではない。自分が間違っている可能性もあると理解したうえで、みずからの良心にもとづき、確信をもって義務を果たしているだけだ。

「私は間違っているかもしれない。だから何もしないほうがいい」と考えるのは、自分たちの利害を無視し、義務を放棄するのと同じだ。どんなケースでも適用できる反対論は、個々の具体的なケースの前ではなんの役にも立たない。

政府と個人は、自分にとって最も正しい意見を細心の注意を払って組み立てなければならない。また、組み立てた意見が正しいと確信できないときは、けっして他者に強制してはならない。だが逆に言えば、自分の意見が正しいと確信できているとしたら(意見を表明する人は確信しているに違いないが)それにもとづいて行動しないことは美徳ではない。ただ臆病なだけだ。

たしかに、人類はかつて、いまでは真実として認められている意見を迫害したかもしれない。しかし、その歴史を反省するあまり、現代の人々（あるいは将来の人々）にとって明らかに危険な思想を野放しにしては本末転倒だ。

同じ過ちを繰り返さないことが大切なのは認めよう。しかし政府と国民は、権力を行使すべき分野でも過ちを犯してきた。不当な課税や不当な戦争が何度もあったのは事実だが、だからといって、税金を課すのをやめるべきだとか、どんな挑発を受けても戦争をすべきではないという話にはならないはずだ。国民と政府は、いまこの瞬間、自分にできる最も正しいことをしなければならないのだ。

１００パーセント確実だと言いきれることはこの世にはない。だが、人間が生活していくうえで「この程度の確実性があればじゅうぶん」と言える基準は存在する。私たちは、自分の意見が行動の指針として正しいかどうかを考えることができる。いや、考えなければならない。

悪意のある人々が、間違いだと思える思想、有害だと思える思想を広め、社会を堕落させるのを防ごうとするとき、私たちはその「基準」を満たしている。

「反対する自由」を認めなければならない

このような反論に対し、私はこう答えたい。その考え方が「基準」というものを満たすことはありえない、と。

ある意見を「正しい」と言うとき、その理由はふたつ考えられる。ひとつは、その意見が一度たりとも論破されていない場合。もうひとつは、論破の機会をなくすために、その意見が正しいことが「前提」になっている場合だ、このふたつには、きわめて大きな違いがある。

自分たちの意見が行動の指針として正しいかどうかを判断するには、考え方の異なる人たちの「反対する自由」を認めなければならない。反対意見が出てこない状況では、自分の意見が正しいと思っていても、合理的な確信はぜったいに得られないからだ。

人は自分の間違いを自分で正せる

歴史を振り返ってみよう。人類はこれまで、どんな意見をもってきただろうか。また人類はいま、どんな生活を送っているだろうか。危険すぎる思想が主流になったことはないし、いまの人々の生活が堕落しているようには見えないはずだ。

だがそれは、人間がすぐれた知性を備えているからではない。というのも、むずかしい問題が生じたとき、それについて判断を下す能力をもつ人は、せいぜい１００人に１人しかいないからだ。そして、その１人も「ほかの99人と比べれば能力がある」程度のものでしかない。

実際、どの時代においても、偉人とされた人々の多くが過ちを犯している。いまでは間違いだとわかっている意見を支持したり、現代人にとっては明らかに不当な行動をとったりと、具体例を挙げるときりがない。ではなぜ、人類全体として見ると、合理的な人のほうが多いのだろう？

人類がこれまで無事に存続してきたという事実をふまえると、合理的な意見、合理的な行動が多数派を占めてきたことは疑いようがない。それはひとえに、人間の精神の性質のおかげだ。人には、自分の間違いを自分で正せるという特性がある。知的かつ道徳的な存在である人間にとって、その特性こそがあらゆる美徳の源泉なのだ。

間違いを正すには「経験」と「議論」が必要になる。経験を積むだけでなく、議論を通じて「経験をどう解釈すればいいか」を知らなければ意味がない。経験した事実と、議論で得た知見によって、間違った考えと行動は少しずつ改められていくからだ。

覚えておいてほしいのは、「事実と知見の両方を明確に示さなければ人の心は動かせない」ということだ。事実とは、それだけを見て意味がわかるものではない。なんらかの解説があって初めて理解できるものだ。

人間の判断力は、「自分の間違いを正せる」という点においてのみ価値がある。つまり、人間の判断をあてにしていいのは、間違いを正すための手段がつねに手元にある場合だけということだ。

自分の意見や行動への批判につねに耳を傾ける

では、本当に信頼できる判断を下す人は、ふつうの人と何が違うのだろう?

そういう人は、自分の意見や行動に向けられる批判に対して心を開いている。反対意見や批判に真摯に耳を傾け、正しいと思える部分があれば可能なかぎり吸収する。

間違っている部分があれば、どこが間違っているのかを考え、必要があれば他者に説明する。

また、彼らは何かを「理解」するとはどういうことかを知っている。あるテーマについてじゅうぶんに理解する方法は、それに関連するさまざまな意見に触れ、さまざまな観点から研究する以外にないとわかっている。賢者と言われる人はみな、この方法によってすぐれた知恵を獲得してきた。人間の知性の性質を考えても、ほかの方法で賢くなることはまず不可能だ。

だから、他者の意見に耳を傾け、自分の意見の間違いを正し、足りない要素を補うことを習慣にしよう。「他人の意見を聞いたら、迷いやためらいが生まれて、自分の意見を行動に移せなくなるのではないか」と思う人もいるかもしれないが、実際は逆だ。この習慣こそが、自分の意見に自信をもつための基盤を形づくる。

この習慣を身につけた人は、自分に向けられる反対意見をひととおり知っていて、どの意見に対しても自分なりの主張で対抗できる。反論や障害を自分から積極的に求めたおかげで、そのテーマに関するあらゆる見解に通じている。

以上の理由から、「世間一般の人々（あるいは集団）の判断よりも自分の判断のほうが信頼できる」と考える権利があるというわけだ。

人類のなかで最も賢明な人々、すなわち最も信頼できる判断を下す人々は、いま挙げた習慣を大切にしている。そのことをふまえると、少数の賢者と多数の愚者からなる「大衆」も同じ習慣を身につけるのが望ましい。

教会のなかでもとくに不寛容とされるローマ・カトリック教会でさえ、列聖［信者がその死後に聖人の地位を与えられること］の審議の際は「悪魔の代弁者」を招き入れ、その意見に耳を傾ける。悪魔が浴びせると思われる非難の言葉がすべて並べられ、徹底的に検討されるまでは、どれほどすばらしい聖者だろうと死後の名誉は認めてもらえないようだ。

「確実」といえるものなどない

もし、「ニュートンの自然哲学を疑ってはならない」という決まりがあったらどうなるだろう。彼の理論は、いまのように心から信頼できるものではなくなるに違いない。

誰もが正しいと確信している考えでさえ、100パーセント正しいと言いきれるような根拠があるわけではない。だから私たちは、「この考えが間違っていると証明してみなさい」と世界に向かって呼びかけるしかないのだ。

呼びかけに応じる人が現れなくても、あるいは名乗り出た人が証明に失敗しても、「よし、この考えは確実に正しい」とは言えないだろう。それでも、現在の人類なりにベストを尽くし、真理を手にするための機会を最大限に活用していることは確かだ。もしかしたら、私たちが気づいていないだけで、新たな真理がどこかにあるのかもしれない。しかし、反対意見を大切にするよう心がければ、人類がさらなる高みに進歩したときにその存在に気づけるはずだ。それに、真理に到達するまでのあいだも、自分たちが着実に真理に近づいていることを実感できるのだ。

間違いを犯しやすい人間にとって、これ以上に「確実」と言えるものはない。同時に、「確実」という言葉を使いたいなら、こうする以外に方法はない。

不可解なことに、言論の自由を認めるべきだという主張に同意する一方で、この自由を「極端なケースにも適用する」のはやめたほうがいいと考える人は多い。極端なケースに適用できないようなものなら、そもそもどんな場合にも適用できないのに、そのことをわかっていないのだ。

そういう人は、疑う余地のある点に関しては言論の自由を認めるが、確実だとわかっている点、つまり特定の原理や教義には疑問を抱いてはならないと考える。ここでいう「確実」とは、「その人たちが確実だと信じていること」にすぎないのだが、彼らは別に、自分は間違いを犯さないと思っているわけではない。これもじつに奇妙なことだ。

世の中には、ある意見を否定したいと思っているのに、それが許されない人もいるだろう。そういう人の存在を無視して、その意見を「確実」だと言いきってしまうのは問題だ。なぜならそれは、自分と自身の賛同者だけが「確実性」を判断する立場にあり、反対派の意見など聞かなくてもいいと考えるのと同じだからだ。

「不利益」な意見の人にも自己弁護の機会を与える

現代は「信仰をもたず、懐疑主義におびえる時代」だとよく言われる。人々はいまや、自分の意見が正しいと確信できないが、それでもなんらかの意見を指針にせずにはいられない。このような時代に「他者の意見を攻撃してはならない」という主張が出てくるのは、その意見が正しいからというよりは、その意見が社会にとって重要な意味をもつからだ。

いくつかの「信念」は、人々の幸福のために欠かせないとまでは言えなくても、とても役立つものだ。だからこそ政府は、さまざまな社会の利益を守るのと同じように、そうした信念を擁護することも義務づけられている。

間違いなく社会に利益をもたらす行為があるとしよう。そして、それをすることが政府の義務だとしよう。その場合、政府は自分たちの意見を「正しい」と判断し、それにもとづいて行動することが許される。というより、それにもとづいて行動しなければならない、というのが一般的な考え方だ（もちろん、世論が賛同してくれている場合に限るが）。

また、「社会の利益になるはずの信念に反対するのは悪人だ」と主張する人は多いし、心のなかでそう思っている人はもっと多い。「悪人の行動を制限して、悪人だけが口にする意見を否定するのは正しいことだ」という考えが広まっているのはそのためだ。この考えに従うと、「言論の自由」を認めるかどうかの判断基準は、「正しいか間違っているか」ではなく「人々の利益になるか否か」に移る。そうなれば、結果的に自分が間違っていたとしても責任を負わずにすむというわけだ。だが、このようなロジックで安心しているような人は気づかないだろうが、実際は責任を負うべき点が少しずれただけだ。

そもそも、「ある意見が人類の利益になる」という考え自体、個人の意見にすぎない。人によって見解は分かれるだろうし、議論のテーマになりうる。というか、議論しなければならない問題だ。ある意見を「不利益なもの」だと判断するのも、ある意見を「間違っている」と判断するのと同じで、一方的に決めつけることはできない。「不利益」とされる意見を主張する人に自己弁護の機会を与えなければならないし、それができないなら、「ぜったいに間違いを犯さない人」を連れてきて判定を下してもらうしかない。

異端とされる人に向かって、「あなたは自分の意見が正しいと主張してはならない。しかし、自分の意見が利益をもたらすか不利益をもたらすかについては論じてもいい」と言うのもばかげている。正しさは、その意見の利益の一部だ。ある意見を支持すべきかどうかを判断するにあたって、それが正しいかどうかを考慮しないなどありえない。

「真理に反する考え方が本当の意味で利益をもたらすはずがない」と考える人は、悪人ではなく真の善人だ。そういう人が、「世間では有益だといわれているが、自分にとっては間違っている」意見を否定し、そのせいで罰を与えられたとしよう。そしてその人が、「正しくない意見が利益をもたらすはずがない」と主張したとしよう。私たちは、その主張をさまたげられるだろうか？

多数派の意見の支持者たちは、「利益になることは正しいことだ」という見解を最大限に活用する。彼らが「利益」と「正当性」を別のものとして扱うことはけっしてない。「自分たちの意見は真理なのだから、誰もがきちんと理解し、信じなければならない」と考える。

有益さについて論じるにあたって、「自分たちの意見は正しい、だから有益だ」と主張する側と、「正しいかどうかはどうでもいい」と主張する側に分かれたとしたら、公平な議論にはならない。

また一方で、法律や世論によって「ある意見の正しさを疑ってはならない」と定められている場合、その意見が有益かどうかを疑うことも許されなくなる。多少の融通が利いたとしても、その意見に反対する人の立場をある程度まで認めるとか、その意見を否定したときの罰を少し軽くするといった程度だろう。

他者が反対意見に触れる機会を奪ってはならない

ある意見を自分たちの主観で「間違っている」と決めつけ、その意見が広まるのを阻止することは大きな問題だ。このことを詳しく説明するために、具体例を示したい。ここではあえて、私にとって最もやっかいな例を用いるのがいいだろう。言論の自由を否定する根拠のなかで、最も正当性があり、最も利益をもたらす事例だ。それは、「神や来世への信仰や、すでに一般常識になっている道徳を否定してもいいのか」というものだ。

こうしたテーマについて論争が起きると、私の考えに同意できない人は声を大にしてこう言うに違いない。「信仰や道徳すらも法律で守ってはいけないというのか。ある意見を『確実に正しい』と言うのは、『自分はぜったいに間違いを犯さない』と言いきるのと同じだとあなたは言ったが、信仰心すらも疑わなければならないというのか！」と。もちろん口に出さない人もいるだろうが、内心では同じことを思うだろう。

これに対して、私は次のように答えたい。

ある意見が正しいと確信することは、「自分はぜったいに間違いを犯さない」と考えるのと同じではない。他者の代わりに何かを判断し、さらにその人が反対意見に触れる機会を奪うことこそ、「自分はぜったいに間違いを犯さない」という考えの表れだ。たとえ私と同じ信念をもつ人だろうと、このようなことに手を染めていたら、私は厳しく非難する。

もし誰かが、ある意見を「間違い」で「有害」なもの、もっと言えば「不道徳」で「不信仰」なものだと心から思っているとしよう。その人が自分の主張を他者に押しつけ、自分と反対の主張を封じこめたとしたら、その人は「自分はぜったいに間違いを犯さない」と考えていることになる。その人の考え方が、同じ時代に同じ国で生きる人たちにとっての常識だとしても、なんの関係もない。

不道徳で不信仰な意見だからといって、このように一方的に否定するのは危険だ。いや、不道徳で不信仰な意見だからこそ、いっそう危険が大きくなると言ってもいい。

歴史を見れば、すぐれた人物や崇高な思想が法律によって抑えつけられた例がいくつもあるとわかる。後世の人々からすると、驚く事例や恐ろしい事例ばかりだが、いずれもこのような場合に起きているのだ。

かつての抑圧によって、優秀な人々が次々と残酷な死を遂げたが、その思想の一部は現代に伝わった。しかし皮肉なことに、今度はその思想や解釈に反対する人たちが抑圧の対象になっている。

正式な裁判で死刑宣告を受けた偉人たち

はるか昔にソクラテスという人物がいたこと、そして彼が当時の裁判所や世論と衝突したことを、人類は何度となく思い起こすべきではないだろうか。

ソクラテスが生を受けたのは、数々の偉人と同じ時代、同じ国だ。当時のことをよく知る人たちは、「ソクラテスほど高潔な人物はいない」と言い伝えている。いまの私たちは、ソクラテスこそが「美徳」を説いたあらゆる思想家の師であり、模範であることを知っている。また、倫理学をはじめとするすべての哲学の二大源流、すなわちプラトンの崇高な霊感とアリストテレスの思慮深い功利主義が、ソクラテスの思想から生まれたものだということも知っている。

ソクラテスのあとに世に現れた偉大な思想家のなかに、彼の思想から学ばなかった者はいない。２０００年以上の時が経ってもなお、ソクラテスの名声は高まる一方だ。アテネの栄光を支えるほかの偉人たち全員の名声を合わせたとしても、ソクラテスのそれには遠く及ばないだろう。

そんなソクラテスがどのような最期を迎えたかを忘れてはならない。彼は不信仰かつ不道徳だとして有罪判決を受け、自国の人々の手で処刑された。ソクラテスが不信仰の罪に問われたのは、国が認める神々を否定したからだ。正確には、ソクラテスはどのような神も信じていないと断罪された（このことについては『ソクラテスの弁明』を参照してほしい）。

また、不道徳の罪に問われたのは、思想と教育を通じて「若者を堕落させた」と判断されたからだ。裁判所に落ち度がなかったことは数々の証拠からわかっている。つまり、それまでに生まれた人のなかで最高の栄誉を受けるべき人物が、じゅうぶんな審議を経たうえで罪人として死刑宣告を受けたのだ。

ソクラテスもキリストも裁いたのは善人だった

ひどい裁判の例はこれだけではない。１８００年以上前、ゴルゴタの丘でイエス・

キリストが処刑されたことも、ソクラテスの一件と同じぐらい歴史的に大きな出来事だ。

キリストの生き方を実際に目にした人と、その言葉を実際に聞いた人の心には、「道徳的で偉大な人物」という彼のイメージがはっきりと焼きつけられた。それから1800年にわたって「全能なる神の化身」として崇拝されてきたこの人物も、罪人として死刑になっている。キリストの罪は、「神を冒涜した」というものだった。

当時の人々は、みずからの恩人を誤解したどころではない。本当の姿とは正反対に解釈し、最悪の不信心者として扱ったのだ（結果的に、いまでは彼らのほうが最悪の不信心者だと考えられている）。

このふたつの悲劇、とくにキリストの処刑に関しては、死刑にかかわった人々が悪く言われすぎているように思える。ソクラテスとキリストを裁いた人たちは、けっして悪人ではなかった。悪人ではないどころか、かなりの善人だった。みな、それぞれの時代や国で一般的だった宗教心、道徳心、愛国心を人並み以上にもっていた。現代を含むどんな時代に生まれていても、周囲の尊敬を受けながら生涯を送れるような人たちだ。

裁判でキリストの返答を聞いた大祭司は、怒りのあまり自分の服を引き裂いたという。キリストの言葉は、当時の考え方からするとそれほどまでに罪深いものだった。大祭司は心からキリストを憎み、憤っていたのだろう。現代の高潔で信心深い人々も、みずからの信じる道徳観や宗教観を汚されたとしたら似たような思いを抱くはずだ。現代人は、大祭司の行動に戦慄を覚えるだろうが、あの時代にユダヤ人として生まれていたらほぼ全員が同じ行動をとったに違いない。

正統派のキリスト教徒は、初期の殉教者に石を投げて死に追いやった人たちを「自分たちよりもはるかに悪人」だと考えるだろう。だが、石を投げた人のなかに聖パウロがいたことを無視してはならない。

知性と美徳をもった人間さえ大きな間違いを犯す

最後に、もうひとつ言及させてもらいたい。一般的に、間違いを犯した人の知性と美徳が際立っているほど世間の驚きも大きくなるものだ。そういう意味で、歴史的に最も驚くべき事例をここで紹介したい。

権力者でありながら、同時代に生きる誰よりも善良で、誰よりもすぐれた見識をもっていた人物は、おそらくローマ帝国のマルクス・アウレリウス皇帝（在位161〜180年）だろう。彼は当時の文明社会の絶対的な支配者でありながら、生涯を通じて完璧な正義感をもちつづけた。さらに、禁欲的なストア哲学を学んだ者にしてはめずらしいことに、優しい心の持ち主だった。彼が犯した数少ない失敗は、いずれもその寛大さに起因するものだ。古代の倫理書のなかで最も高貴な作品と言える彼の著書『自省録』は、キリストの教えの重要な点とほぼ共通している。

自分から認めたことはなかったが、彼は実際のところ、のちにキリスト教徒を自称した支配者たちの誰よりもキリスト教徒だった。だが、そのマルクス・アウレリウスがキリスト教を抑圧したのだ。

人類が長い年月をかけて獲得した叡智の頂点に立ち、偏見をもたずに自由な知性を発揮し、倫理に関する著作のなかでキリスト教の理想を語ってしまうような人物だったが、彼には支配者としての義務があった。義務感にとらわれすぎた結果、キリスト教が世界にとって「いいもの」であり、「悪いものであるはずがない」ことを見抜けなかった。

当時の社会が惨憺たる状態なのは彼にもわかっていた。しかし、そのような状況下でも社会が集団として成立し、それ以上ひどい状態にならずにすんでいるのは、人々が「公式に認められた神々」を崇拝しているからだと考えた（少なくとも、そう考えているという立場をとった）。

支配者であるマルクス・アウレリウスは、社会が崩壊するのを防ぐために、既存の絆を維持することに決めた。その絆がなくなったときに、新たな絆を生み出して社会をふたたび結びつけられるとは思わなかった。だが、新興宗教だったキリスト教が目標として掲げていたのは、既存の絆を断ち切ることだ。結果的に、マルクス・アウレリウスは、キリスト教を受け入れるのではなく抑圧することをみずからの義務だと考えてしまった。

彼からすると、キリスト教の教義は真理とは思えなかったし、その起源も神聖さに欠けていた。神が十字架にかけられるという物語は、あまりに奇妙で信じがたかった。つまり、キリスト教徒の思想の柱そのものにまったく同意できなかったのだ。キリスト教が社会を復活させる原動力になったことは歴史を見れば明らかだが、マルクス・アウレリウスがそのような予測にたどり着くことはなかった。こうして、哲学者としても支配者としても優秀で、並外れた優しさと寛大さを備えていたこの人物は、真摯な義務感に従ってキリスト教の抑圧を認めることになった。

歴史上、これほど悲劇的な出来事はそうないだろう。もしキリスト教が、コンスタンティヌス大帝（在位324～337年）の時代でなく、マルクス・アウレリウスの時代にローマ帝国の国教として認められていたら、世界におけるキリスト教のあり方は大きく変わっていたはずだ。そう考えると、残念としか言いようがない。

ただし、ひとつ付け加えておきたい。マルクス・アウレリウスは、キリスト教の布教を罰する際、さまざまな理由を並べ立てた。そしてそれらの理由は、現代のキリスト教徒が反キリスト教的な教義を罰しようとするときに持ち出す理由と同じものだった。この事実を否定するのは彼に対して不誠実だし、真理にも反することだ。

現代のキリスト教徒は、無神論は間違いであり、社会の崩壊を招く有害な考え方だと口々に言う。しかし、マルクス・アウレリウスもキリスト教に対して同じ思いを抱いていた。しかも、信念の強さは彼のほうが上だった。あの時代に、キリスト教を誰よりも正しく理解していた人物が、それほどの信念をもってキリスト教を抑圧したということだ。

「自分はぜったいに間違わない」とは考えない

「ある意見を広めることを罰則の対象にしてもいい」と考えている人にこう言いたい。

マルクス・アウレリウスは、世の中に存在する知恵を完璧に身につけ、同時代においては右に出る者がなく、熱心に真理を探究し、見出した真理に身を捧げられる人物だった。もしあなたが、彼と同等以上の知性と善良さを備えている自信がないなら、「自分（あるいは自分と同じ意見の人々）はぜったいに間違わない」という考え方はしないほうがいい。偉大なマルクス・アウレリウスでさえ、そう考えたせいで不幸な結末を招いてしまったのだから。

どんな論理をもってしても、マルクス・アウレリウスの行動は正当化できない。刑罰を用いて反宗教的な意見を抑圧することは、それほど罪深い行為なのだ。

では、信教の自由に反対する人々にこの話をするとどうなるだろう。彼らは、場合によってはこちらの言い分を認めるが、著述家のサミュエル・ジョンソン博士になららってこう主張する者もいる。「キリスト教の抑圧は正しいことだった。抑圧され、迫害を受けることは、真理が通過しなければならない試練であり、真理は必ずこの試練を切り抜ける。だから法律による刑罰は、真理にとってはけっして悪いものではない。有害で間違った意見をなくせるという利点しかないのだ」と。

これは、宗教的な不寛容に賛成する人たちが持ち出す論理のなかでも、とくに注意しなければならないものだ。

迫害は真理にとっての試練なのか？

「迫害は真理を傷つけるものではない、だから真理を迫害することは認められるべきだ」という考え方は、新たな真理を拒絶するものではないかもしれない。だが、新たな真理を発見し、私たちに伝えてくれた人への迫害を認めているという点は賛同できない。

人類にとって重要でありながら、それまで知られていなかった何かを発見したり、現世あるいは来世に影響を及ぼすほどの大きな間違いを証明したりすることは、個人が人類に対してできる最もすばらしい貢献だ。

サミュエル・ジョンソン博士の賛同者たちは、初期のキリスト教徒や宗教改革家たちがもたらしたものを人類にとっての財産だと考えている。しかし、それほど貴重な贈り物をしてくれた人たちは、代わりに何を受けとっただろう？　みな痛めつけられ、最悪の犯罪者として処刑された。ジョンソン博士の主張は、そのような歴史は間違いでも不幸でもなく、いたって正当な出来事だったと言っているのと同じだ。

ジョンソン博士の考えに従うなら、新たな真理を提唱する人は、古代ギリシャ人が築いた都市ロクリスで行われたのと同じことをしなければならない。ロクリスで新しい法律を提案する人は、首に縄を巻いた状態で集会に現れ、自分の考えを述べる。集会の代表者たちがその主張に納得できず、提案が却下された場合、提案者はその場で絞首刑に処されるのだ。

真理を世にもたらした恩人をそんなふうに扱ってもいいと考える人が、真理の価値を本当に理解しているとは思えない。おそらくジョンソン博士に賛同するのは、「昔は新しい真理というものが歓迎されたかもしれないが、現代人はもうじゅうぶんすぎるほどの真理を手に入れた」と考える人だけだろう。

真理は時が経てばまた世に現れる

「真理は必ず迫害に勝つ」という言葉は、耳ざわりのいい嘘にすぎない。何度となく語られ、格言か何かのように思われているが、歴史を振り返れば単なるでたらめだとわかるはずだ。迫害のために真理が潰された事例はあまりに多いし、完全には葬られなくても数世紀にわたって抑圧されつづけたケースもある。

宗教にまつわる事例に限定しても、数えあげればきりがない。宗教改革の動きはルター以前にも20回は勃発し、そのたびに鎮圧された。イタリアでは、アルノルド・ダ・ブレシア、修道士ドルチーノ、ジロラモ・サヴォナローラらが処刑されている。フランスではアルビ派やヴァルド派が、イギリスではウィクリフ派が、ボヘミアではフス派が弾圧の対象になった。

ルター以後も、スペイン、イタリア、フランドル、オーストリア帝国ではプロテスタントへの迫害が続いた。イギリスでも、メアリー女王（1516～1558年）がもっと長生きするか、エリザベス女王（1533～1603年）がもっと早く亡くなっていたら、同じような状況になっていただろう。

弾圧は毎回、徹底的に行われた。異端派がかなりの勢力をふるい、抵抗を続けることもあったが、それはあくまでも例外的なケースだ。つまり、キリスト教がローマ帝国で滅んでいた可能性も否定できない。キリスト教が広まって多数派の座を手に入れられたのは、迫害がめったに起きず、起きたとしても短い期間しか続かなかったからだ。おかげで、平和な時間をたっぷり使い、じっくりと布教活動ができたというわけだ。

「真理には、間違った意見にはない特別な力が備わっている。ゆえに地下牢や処刑台にも打ち勝てる」という考えにはなんの根拠もない。言ってしまえば、感傷に流されているだけだ。人は往々にして、真理ではなく間違った考えに熱中する。また、法律や世論をうまく使えば、正しい意見も間違った意見も同じように抑えこめる。

真理にはもっと違った強みがある。本当に正しい考えであれば、何度迫害を受け、何度葬り去られても、時が経てばまた世に現れる。いずれ、迫害を受けない時代に発見され、その後は一気に勢力を拡大していくだろう。そして気づけば、どんな迫害にも動じないほどしっかりとした基盤が形成されているはずだ。

あるいは、世の中にはこんなふうに主張する人もいるかもしれない。

「現代では、新しい意見を提唱したからといって処刑されたりはしない。昔は預言者が殺されることもあっただろうが、いまではそんなことはありえない。むしろ、立派な墓を建ててそういう人を祀《まつ》っているぐらいだ」

法律が異端者を迫害する可能性はいまでもある

たしかに、いまでは異端者が処刑されることはない。不愉快な意見をもつ人がいても、その意見を完全に抑えこむような法律はまず認められない。とはいえ、法律が異端者を迫害する可能性はいまでもある。ある意見を罰する法律、少なくともある意見を発表した人を罰する法律はなくなっていないからだ。そのような法律が実際に適用されるケースがある以上、特定の思想を罰することがあたりまえになる日が来てもおかしくはない。

たとえば、1857年だけを取りあげても、いくつかの出来事があった。7月末、コーンウォール州の夏期巡回裁判で、ひとりの男が禁固21か月を言い渡された。素行に問題はなかったようだが、キリスト教を批判するようなことを言い、自宅の門にその言葉を書きつけた罪で罰が与えられたのだ。

7月と8月にロンドンの中央刑事裁判所で開かれた裁判では、ふたりの人物が陪審員になることを拒否された。しかも、そのうちのひとりは判事と弁護士から侮辱の言葉を浴びせられた。きっかけは、その男が「自分は無神論者だ」と正直に話したことだ。

別の裁判所でも、盗難に遭った外国人が賠償の請求に応じてもらえなかった。この出来事の背景にあったのは、「神と来世を信じると宣言できない者は法廷での証言を認められない」という法理論だ。これは「信仰をもたない人物は裁判所で保護されない」と言うのと同じだろう。もし無神論者が強盗に遭ったり暴行されたりしても、ほかに目撃者がいないとか、同じ無神論者しか現場を目撃していないといった場合は、犯人は罪に問われない。しかも、彼らがなんらかの事件を目撃したとしても、その証言は法的な根拠にはなりえないのだ。

この法理論の根底には、「来世を信じない人の宣誓に価値はない」という考え方がある。私に言わせれば、このような考えに賛同する人は歴史をもっと学んだほうがいい。

なぜなら、過去に存在した無神論者のほとんどは立派で誠実な人物だったからだ。また、すばらしい美徳と学識を備えた偉人の多くも無神論者だった（少なくとも、親しい人たちのあいだではそう思われていた）。そのような事情を少しでも知っていれば、「無神論者の証言に価値はない」などとは考えないだろう。

さらに、この考え方は矛盾に満ちていて、自分たちの根拠を自分たちで否定している。彼らの論理には「無神論者は嘘つきに決まっている」という前提がある。そのため、「自分は無神論者ではない」と嘘をついた人は、裁判で証言する権利が与えられる。つまり、世間から批判されるのを覚悟で信念を公表できる人を拒絶する一方で、平気で嘘をつける人の証言を受け入れているのだ。

無神論者に対する考え方は、本来の目的を見失った無意味なものだが、憎悪の象徴として、あるいは過去の弾圧の遺産として、いまなお多少の効力をもっている。しかし、ここでも奇妙な矛盾がある。無神論者の考え方は、実際に弾圧の対象になったとたん、弾圧されるべきものではないことがわかるのだ。

また、「無神論者は嘘つきに決まっている」という理論は、敬虔な信者に対する侮辱でもある。なぜなら、「来世を信じない人は嘘をつく」ということは「敬虔な信者は、地獄に落ちたくないから嘘をつかないだけだ」と言い換えられるからだ。

先ほど挙げたのは、いわば「迫害の残滓《ざんし》」にすぎない。そこに表れているのは、迫害を望む気持ちではなく、イギリス人の心の弱さだと言ってもいい。現在のイギリス人は悪い原則を実行に移すほど邪悪ではないが、そのような原則を主張することにゆがんだ喜びを感じる傾向があるということだ。

法律を通じた恐ろしい迫害は、ここ30年ほど行われていない。だが、人々の精神状態を考えると、そのような迫害がふたたび行われる可能性は否定できない。私たちの平穏な日常は、さまざまな要因によって波風が立つものだ。そしてその要因には、新しい利益を取り入れようとする動きだけでなく、過去の悪習を復活させようとする動きもある。

迫害の要因となる不寛容の精神

たとえば、最近は「宗教の復活」を喜ぶ人が増えてきたが、それはつまり、教養も度量もない人たちの「偏見に満ちた信仰心」がよみがえっただけにすぎない。

イギリスの中産階級の心のなかには、不寛容の精神が根強く残っている。このような国民は、特定の集団を迫害すべきだとつねに考えているし、ほんの小さなきっかけさえあれば、実際に迫害が始まってしまう。「自分たちの共通の信念を認めない人に対しては危害を加えても許される」という考え方と感情が人々のあいだに存在するからこそ、イギリスは思想の自由がない国になっているのだ。

法律で罰せられることは、社会的な評判に傷がつくことを意味する。イギリス人は長いあいだ、刑罰そのものよりも悪い評判が立つことを恐れてきた。法律に反するかどうかに関係なく、社会的に批判されるような意見を口にする人がめったにいないのはそのためだ。

じゅうぶんな資産をもち、他者に頼らなくても生活していけるような人は例外としても、ふつうの人からすると世論は法律と同じぐらい重要な意味をもつ。パンを買えなくなることは、刑務所に入るのと同じだからだ。

一方、生活の心配がなく、権力者やさまざまな団体、一般の人々からどう思われようと気にしないという人は、どんな意見を表明することも恐れない。意見を言うだけなら、他者から悪く思われたり悪口を言われたりすることはあっても、耐えがたい仕打ちを受けることはないからだ。だから私たちも、無理にそういう人の味方をする必要はない。

多くの異端者が本音を出さない

異なる意見をもつ人に大きな危害を加えるという慣習は、すでに過去のものになった。しかし、私たちはまだ、そういう人との向き合い方がわからずにいる。結果的に、いま最も大きな危害を受けているのは私たち自身かもしれない。

ソクラテスは処刑されたが、彼の哲学は空へとのぼり、太陽のように思想の分野を照らした。初期のキリスト教徒はライオンの餌食になったが、キリスト教会は成長を続け、立派な樹木になり、ほかの年老いた木々の上を覆って枯れさせた。

現代社会は不寛容さに満ちているが、誰かを処刑したり、特定の意見を根絶させたりすることはない。それでも、社会的に異端とされる意見をもつ人は、自分の意見を表には出さない、あるいは積極的に広めないよう注意を払う。10年、20年、30年といった単位で見ると、異端の意見はつねに一定の割合で存在する。そのような意見は、急激に勢力を広げることも、一気に縮小することもない。研究熱心な学者たちの小さなコミュニティでくすぶりつづけるだけだ。それが正しいか間違っているかに関係なく、人類全体にとっての問題にまでは影響を及ぼさない。

こうした状況は、一部の人々にとっては非常にありがたいものだろう。罰金や投獄といった罰を与えなくとも、多数派の意見が（表面的には）安定して維持されるからだ。その裏で、異端とされる人々にも、理性に従って考える自由をある程度与えている。つまり、思想の分野における「平和」を保ちながら、新しい考えが生まれる「可能性」も残せるということだ。たしかに、これはとても好ましい状況に思える。

だが、平和を維持するためには犠牲も必要だ。実際のところ、いまの世の中では人間の「知的な勇気」が失われている。積極性と探究心を備えた優秀な人々でさえ、自分の信念の「本当の」原則や根拠を隠すようになった。ほとんどの人は、自分の意見を表明する際は、世間で認められている前提からずれないよう気をつける。内心ではその前提を否定していても、けっして本音は表に出さない。

こんな状況で、かつて存在したような率直で大胆な思想家や、一貫した論理をもつ思想家が現れるはずがない。社会で活躍するのは、ありきたりなことしか言わない者や、世論に合わせて真理への態度をころころ変える者だけなのだから。そういう人間になりたくないなら、自分の思想と興味の幅を狭め、原理や原則をどうこう言わなくても語れるテーマだけを扱わざるをえない。要するに、実際的な細かい問題だけを論じるしかないのだ。

しかし、実際的な問題というのは、人類の知性が強化され、拡大されたときに自然に解決するものだ。逆に言えば、そのときが来るまでは完全には解決しない。さらに、そのような問題にばかり取り組むことは、「人類の知性を強化し、拡大する」という最もむずかしい問題を放棄することにほかならない。

異端とされる人が沈黙したらどうなるか

ではここで、異端とされる人が沈黙したらどうなるかを考えてみよう。

まず、異端の意見についての「公平かつ徹底した議論」が行われなくなる。すると、「議論を通じて消え去るはずの間違った考え」が社会に残ることになる。その考えが広く普及することはないとしても、完全になくなる機会も失われてしまう。

また、「正統」とされる考えから外れた議論をすべて禁じたとしよう。その場合、深刻な被害をこうむるのは、異端者ではなく多数派のほうだ。なぜなら、多数派の人々は「異端」呼ばわりされることを恐れるあまり、自由にものを考えられなくなるからだ。彼らは精神を成長させる機会を逃し、理性を働かせることを放棄する。

世の中には、すぐれた頭脳と臆病な性格の両方を持ち合わせている人が数多くいる。そういう人たちが、宗教や道徳に反する（とされる）結論に行き着くのを恐れて、大胆に、積極的に、自由に考えなくなったらどうだろう。この世界にとって、あまりに大きな損失だ。

良心と知性をもつ臆病な人々は、その豊かな才能を正しいかたちでは使えていない。社会から非難されないように自分をだましつづけ、みずからの良心と理性が示すものと、正統とされる考えが示すものを一致させようとして能力を磨耗させる。そして最終的に、なんの成果も出せないまま一生を終えることになる。

思想家にとっての第一の義務は、「どんな結論に達するとしても、とにかく自分の頭で考え抜く」ことだ。そのことをわかっていない人は、偉大な思想家にはなれない。自分で考えず、正しいとされる意見を鵜呑みにしているだけの人よりも、研究と準備を重ねながら自分で考えた人のほうがずっと価値がある。自分の頭で考えた人の意見は、たとえ間違っていたとしても、真理の発見に大きく貢献するからだ。

思想の自由が人々の知性を大きく向上させる

思想の自由が必要な理由は、「偉大な思想家を世に生み出すため」だけではない。たしかに、それもひとつの理由ではあるが、もっと重要な目的がある。それは「一般の人々が、みずからの知性を最大限に向上させられるようにすること」だ。

これまで、思想の自由が存在しない社会で偉大な思想家が誕生したことは何度もあったし、同じようなことは今後もあるだろう。だが、そのような社会で、国民が高い知的好奇心を備えたことはない。きっと、これから先もないだろう。もし、ある国民の知的好奇心が一時的に高まった事例があるとしたら、それは単に「異端と呼ばれることへの恐怖心が一時的に薄れた」というだけだ。

社会によっては、原理に関する議論をしてはならないという暗黙のルールや、人間にとっての最大の問題はすでに解決しているという暗黙の前提がある。そういう場合、歴史のなかで何度か見られたようなすばらしい状況、つまり「あらゆる国民が積極的に知的な活動に取り組む状況」はまず生まれない。

重要な問題についての論争が行われないとなると、誰も熱心に議論したいとは思わないし、心を揺さぶるような出来事も起こらない。ごくふつうの人が、強烈な思想に出会って刺激を受け、「考える生物」として成長していくといったこともない。

国民が積極的に知的な活動に取り組んだケース

では反対に、あらゆる国民が積極的に知的な活動に取り組んだケースとしては、どういうものがあるだろう？

代表的な例は3つある。

第一に、宗教改革直後のヨーロッパ。

第二に、18世紀後半に起きた思想運動（このときはヨーロッパ大陸の比較的教養のある人々に限られていたが）。

そして第三に、18世紀末から19世紀初頭にかけてのドイツ。ゲーテやフィヒテが活躍した短い期間だ。

それぞれ発展した思想は異なるものの、「権威による束縛がなかった」という点は共通している。またどのケースも、古い専制が打ち破られ、新しい専制がまだ始まっていない時期のことだった。

この3つの時期に生じた「強烈な衝撃」が、現在のヨーロッパを形づくったといえる。ヨーロッパでは、人々の知性や社会の制度に関してさまざまな改善が行われてきたが、どれも先に挙げた3つの出来事のいずれかがきっかけになっている。

だが、最近の世間の状態を見るかぎり、かつての「衝撃」はすっかり消えかけているようだ。いまこそ、思想の自由をふたたび主張し、新たな出発に備える必要がある。

主流とされる意見が正しい場合

さて、これから本章の第二部に移る。

ここまでは、主流とされる意見が間違っている場合について論じてきた。今度はその前提を忘れて、「主流とされる意見が正しい場合」を想定してほしい。もし、その意見の正当性についての議論が自由に、かつオープンに行われていないとしたら、いったいどうなるだろう？　人々がその意見に賛成する（反対する）ことになんらかの意義があるのだろうか？

ある意見を強く支持する人は、その意見が間違っている可能性をなかなか認めようとはしない。だが、次のことを伝えれば、おそらく考えを変えるだろう。

「欠点が見当たらないような正しい意見だとしても、じゅうぶんに、頻繁に、そして大胆に議論されなければ、生きた真理とは言えない。それはただの死んだ定説《ドグマ》にすぎない」

受け入れられた意見が理解されていないとき

自分が支持する意見がほかの人に受け入れられたとしよう。だが受け入れた人が、その意見の根拠をまったく理解しておらず、表面的な反論にさえ言い返せないとしたらどうだろう。あなたはそれでもいいと思えるだろうか。

残念なことに、「それでもかまわない」と考える人が一定数いるのが現実だ（幸い、昔に比べたらずいぶん減ったが）。

当然、そういう人たちは、権威をもつ誰かがその意見を広めた時点ですっかり満足する。「この意見は正しいと認められた。だからもう議論の必要はない。というか、これ以上の議論はしないほうがいい」と考えてしまうのだ。

このタイプの人々が強い影響力をもつ社会では、知恵を振りしぼって賢明な反論をしたとしても、主流の意見はなかなかくつがえせない。だが、無知な人や軽率な人が意見をくつがえす可能性はある。というのも、議論を完全に禁止することは不可能であり、ひとたび議論になれば、表面的にしか理解されていない意見はくだらない反論を受けただけであっけなく崩れかねないからだ。

これはあくまでも理屈上の話で、実際に起こるとは考えにくい。だが、ある人にとっての「正しい意見」が、単なる「先入観」にすぎないとしたらどうだろう？　先入観にもとづいて「この意見は正しい、だから議論の必要はない」と考えるのは完全に間違っている。理性的な存在である人間は、真理に対してそのような態度をとってはならない。その状態を指して「真理を知っている」と言うことは許されない。それはつまり、とるに足らない「迷信」がたまたま真理と呼ばれてしまっただけのことだ。

知性を鍛えるには自分の意見の根拠を理解する

人間には、みずからの知性と判断力を高めていく義務がある。では、その知性と判断力はなんのために使うのがいいか。最も適切なのは、「自分にとって非常に重要で、自分なりの意見をはっきりさせるべきテーマ」だろう。

知性を鍛えるのに欠かせないものがあるとしたら、それは間違いなく、自分の意見の根拠を理解することだ。あなたがどんな意見を支持しているとしても、それを正しいかたちで信じたいのなら、まずは「一般的な反対意見を投げかけられた際に、自分の意見を弁護できる」ようになろう。

私の考えに対して、こう反論する人もいるかもしれない。

いやいや、その意見の根拠を誰かに教えてもらえばいいじゃないか。反論されたことのない人を、自分の意見を正しいかたちで信じていない人だと決めつけることはできない。たとえば、幾何学を学ぶ人は、定理を暗記するだけでなく証明もきちんと学んでいる。幾何学を否定したり、反論したりする人がいないからといって、「幾何学を学んでいる人は自分の専門分野の真理の根拠を知らない」とは言えない。そんな主張はあまりにばかげている。

たしかにそのとおりだ。数学のようなテーマであれば、真理の根拠を人から教わるだけでじゅうぶんだろう。なぜなら、そこには反論する余地が残されていないからだ。これはまさに、数学的な真理の特徴だと言える。一方が真理なら、もう一方は真理ではないのだ。反対意見が生まれない以上、自分の意見を弁護する必要もないというわけだ。

意見の対立は比較し検討することで真理となる

だが、意見の対立が起こりうるテーマとなると話が変わってくる。その場合、それぞれの意見の根拠を並べ立て、比較し、検討することで真理がもたらされる。

自然科学に関するテーマでさえ、意見の対立が生じることはある。ある事実に関して、「正しい」理論とは違う説明をすることがいつでもできるからだ。天体の運動の説明としては地動説の代わりに天動説があるし、物体の燃焼の説明としては酸素説の代わりに燃素説がある。

そのため、一方の説明を支持するにあたっては、もう一方の説明がなぜ正しくないのかを示さなければならない。それができない人は「自分の意見の根拠を知らない」ということになる。

両方の意見に対して中立になる

では、自然科学よりはるかに複雑なテーマについて考えてみよう。具体的には、道徳、宗教、政治、人間関係、実生活の問題などだ。こうした問題について議論する場合、一方の意見を支持する主張の4分の3は、もう一方の意見への反論になる。

古代ギリシャにおいて、デモステネスに次ぐ偉大な雄弁家として知られるキケロは、論敵の意見を徹底的に研究することを習慣にしていた（自分の意見よりも熱心に研究したわけではないが、同じぐらいの情熱を注いだという本人の記述が残っている）。真理を見つけるべく研究に励んでいる人は、どんなテーマを扱っているかに関係なく、キケロの習慣をまねるべきだろう。

自分の意見の根拠しか知らない人は、結局のところ、その問題のことをほとんど何もわかっていない。もちろん、その人の言い分が理にかなっていたり、誰にも論破されないような根拠をもっていたりする可能性は否定できない。だが、論敵の意見を否定できない、あるいはそもそも相手が何を根拠にしているのかもわからないとしたら、その人には何かを主張する権利はない。

重要なのは、両方の意見に対して中立になることだ。それができないなら、その人は単に権威に従順なだけか、世の多くの人と同じように、なんとなく自分に合っていそうな意見を支持しただけということになる。

論敵の主張を研究する際は、自分の教師にあたる人に説明を求めてはならない。教師の独自の見解を教えられ、それにどう反論すればいいかまで聞かされてしまったら、論敵の主張を公平に扱ったことにはならないからだ。それでは、本当の意味で相手の主張と向き合ったとは言えない。

論敵の意見について説明を受けたいなら、その意見を本気で信じている人に話を聞くべきだ。意見の根拠をきちんと並べ、最大限の熱意をもって説明してくれる人がいい。そういう人の説明は、最も納得しやすく、最も説得力があるので、自分がいずれ向き合うべき反論がどれほど手強いものかを実感できる。逆に言えば、それをしないかぎり、相手の反論に対抗できるような確固たる根拠は見えてこない。

世間で「教養がある」と言われている人でも、100人のうち99人は一方の意見しか理解していない。自分の意見を雄弁に語れる人が、論敵の意見についてはまったくわかっていない場合もめずらしくない。だから、私たちはつねに「教養のある人」の結論が間違っている可能性を考える必要がある。彼らのほとんどは、自分と反対の立場の人が何を考え、どういう主張をするのかを真剣に考えようとしない。それは結局、自分が支持する意見についても本当の意味ではわかっていないということだ。

彼らは、自分の意見の最も重要な部分を知らない。つまり、全体を支え、ほかのすべての部分を正当化する要素を理解していない。また、「一見矛盾しているふたつの要素は両立しうる」とか「強力な根拠がふたつあっても、結局はどちらか一方しか選べない」という考え方も身につけていない。真理には、反対意見をはねのけ、知識人の最終判断の材料になる重要な要素があるのに、彼らはその要素に関してはまるっきり無知だ。その「重要な要素」を自分のものにできるのは、対立するふたつの意見を平等に扱い、公平な審査をして、両者の根拠を理解しようと努めた人だけなのだ。

以上の話は、道徳や人間性にかかわる問題と向き合ううえで忘れてはならないものだ。もし、あるテーマにおいて「真理」と呼べるものが存在し、それに対して誰も反対意見を唱えないのなら、あえて反対派を、それもきわめて巧妙な「悪魔の代弁者」を思い浮かべてほしい。そして、真理にとって「最も都合の悪い」反論を考え、議論を闘わせてもらいたい。

言論の自由に反対する人たちの反論

とはいえ、言論の自由に反対する人たちは、私の言うことに抵抗を示すだろう。たとえば、こんな反論が出てくるかもしれない。

自分の意見について、哲学者や神学者がどんな論理で賛成し、どんな論理で反対するかを完全に理解するのは一部の人だけでじゅうぶんだ。論敵が持ち出す嘘やごまかしを見抜くのはその人たちに任せておけばいい。知識のない大衆は、「何が正しいか」と「なぜ正しいのか」だけ教わって、あとは権威にすべてをゆだねるべきだ。「自分には相手を論破するだけの知識も能力もない」と自覚した人からすると、むしろそのほうが安心できるはずだ。「間違った考え」はずっと、特別な教育を受けてきた人々によって論破されてきた、だからこれからも論破されつづけるに違いない、と。

もしかしたら、そういう考え方も間違いではないのかもしれない。じゅうぶんな知識を備えていなくても、人は真理を理解できるのかもしれない。だが、もしそうだとしても、言論の自由が不要だという理由にはならない。

なぜなら、いま例に挙げた考え方にも「すべての反対意見が完全に論破されたことを誰もが確信できなければならない」という前提があるからだ。だが、反対意見が公にならない状況で、どうやって論破というものができるのだろう？　また、もし論破できたとしても、反対派に「そちらの論破の根拠は不完全だ」と主張する機会が与えられていないなら、大衆はどうやって「その論破は完全なものだった」と確信できるのだろうか？

一般の人々が無知だとしても、哲学者や神学者には反対意見を論破するという使命がある。つまり、反対意見のなかで最もやっかいなものを深く理解することが求められる。そのためには、反対派が自由に意見を表明し、できるかぎり彼らに有利な状況でそれらの意見が検討されなければならない。

カトリック教会が難問を解決した独自の方法

カトリック教会は、独自の方法でこの難問を解決した。「自分の確信にもとづいて教義を受け入れる権利をもつ人」と「教会を信じて教義を受け入れなければならない人」を区別したのだ。

言うまでもなく、受け入れる教義そのものを選ぶ自由はどちらにも与えられていない。しかし聖職者、少なくともじゅうぶんな信頼を得た聖職者は、反対意見を論破するために反対派の主張を学ぶことが許される。もっと言えば、学ぶことを奨励される。彼らが異端の書物を読んだとしても、とがめられることはない。しかし、ふつうの信徒が異端の書を読むためには特別な許可が必要であり、そのような許可が下りることはめったにない。

カトリック教会はこの規律によって、相反するふたつの要素を同時に満たしている。聖職者が反対意見について学ぶことを奨励しながら、ふつうの信徒が反対意見に触れる機会を奪っているのだ。要するに、エリートは大衆よりも幅広い教養（「知的な自由」とまでは言えないが）を与えられているということだ。

実際、カトリック教会はこの方法を通じて成功を収め、自分たちが望んだとおりの知性を獲得した。制限つきの教養を与えても、寛大で自由な人間は育たないかもしれないが、言葉たくみに教養を弁護する人間なら育てられる。そして、それこそがカトリック教会の求めたものだった。

だが、プロテスタントが大半を占める国ではこの方法は通用しない。プロテスタントの考え方では、宗教は個人が責任をもって選ぶものであり、聖職者にその責任を負わせてはならないとされるからだ。

それに、世の中の現状を考えると、教養のある人が読む本と教養のない人が読む本を区別するなどまず不可能だ。聖職者のように、大衆に教育を施す立場の人間は、教育に必要なことをすべて知る必要がある。そのためには、人々が自由に表現し、自由に出版する権利が認められていなければならない。

しかし、こう主張する人もいるかもしれない。

主流の意見が正しい場合は、言論の自由がなくても問題ないのではないか。たしかに、大衆がその意見の根拠を知らないのは、知性の面から見ればけっしていいことではない。だが、道徳の面ではそこまで重要なことではない。大衆を正しい方向に導くという意味では、主流の意見の価値は変わらないだろう。

残念ながら、その主張は間違っている。自由な議論が行われなかったら、人々は意見の根拠だけでなく、その「意味」すらも重視しなくなる。意見はただの言葉の羅列になり、本来あったはずの思想のほとんど、あるいはすべてが消え去ってしまう。鮮明なヴィジョンも、生命力に満ちた信念も失われ、いくつかのフレーズだけが機械的に記憶に残る。そこに多少の意味があるとしても、それらは単なる抜け殻にすぎず、もともとあったすばらしい要素は残っていない。

人類の歴史を振り返れば、このような事例がいくつも見つかるだろう。そういう大事な局面に注目して、考察を重ねることを強く勧めたい。

自由な議論がないと教えの意味すら消える

たとえば、道徳的、宗教的な教えのほとんどは本来の意味が失われている。いずれの教えも、創始者とその直弟子にとっては大きな意味のあるものだった。勢力を拡大するためにほかの教えと戦っているあいだも、その意味が薄れることはなく、むしろ最初のころより強い力をもつこともあった。

だがどんな教えも、ある瞬間を境に、社会における主流の座に就くか、拡大するのをあきらめて現状維持に努めることを迫られる。すると、その教えに関する議論は少しずつ減っていき、やがて完全に行われなくなる。

教えそのものが消えることはない。主流の座に就けなかった教えも、「ある宗派の意見」として人々に認知される。支持者はもはや、自分でその宗派を選んだ人ではなく、親から受け継いだ人ばかりになる。支持する意見を変えようとする人はめったにいないので、「意見を変える」という発想自体なくなっていく。

最初のころは、世間から批判されるのを防いだり、人々を自分たちの側に取りこんだりするために、信者たちはつねに神経をとがらせていた。しかし、そのような気概はもう見られない。自分たちの信条に反する意見には耳をふさぎ、反対者が現れても議論を通じて説得しようとはしない。たいていの場合、この段階を迎えると教えの力が弱まりはじめる。

宗派に関係なく、聖職者たちがこんなふうに嘆いているのを聞いたことはないだろうか。「信者たちは、教義が正しいと頭ではわかっているが、その本来の意味を理解したうえで心にとどめている者はほとんどいない。教義を感情にまで浸透させ、信者たちの行動をも律するのは……とてもむずかしい」

　このような嘆きは、教派が生き残るために戦っている時期には出てこないものだ。戦いの最中は、あまり熱心でない信者でさえ、自分が何のために戦っているのか、そして自分の教派とほかの教派がどう違うのかを頭でも心でもよくわかっていた。

　またその時期には、どんな教派のなかにもすぐれた人が少なからずいた。彼らは自分たちの基本原理をあらゆる観点から理解し、考えを掘り下げ、みずからの人格までも高めていった。つまり、ひとつの教義を深く信じた人に与えられる恩恵をすべて受けていたのだ。

教義が中身のない〝殻〟になる

　しかし、いまや教義は親から受け継ぐものになった。「求めるもの」から「与えられるもの」に変わるということは、教義を信じるための努力が必要なくなるということだ。すると、教義をすべて理解するのではなく、決まり文句をいくつか覚えるだけの人、何も考えずにただ教義に従うだけの人ばかりになっていく。教わったことをそのまま受け入れておけば、その内容を深く理解したり、自分の体験を通じて確かめたりする必要はないと誰もが考えるようになる。最後には、信仰は人間の内面とはなんの関係もないものになる。

いまの社会を見れば、このような事例がほかにも見つかるだろう。こうした信仰は、人間にとっての〝殻〟のようなものだ。人間性の高尚な部分が外部のものから影響を受けないように、心を覆って硬直化させてしまう。

〝殻〟と化した信仰は、新しい見方、活力に満ちた見方を「遮断」することでその力を示すが、何かをもたらすわけではない。いわば、人々の頭と心を空っぽにするための見張り番にすぎない。

神聖な倫理基準から世俗的な慣習になる

人の心に多大な影響を与えるはずの教義が、生命力を失い、想像力と感情と知性を刺激することがなくなったとしよう。それでも、その教義が信仰として存在しつづける場合がある。キリスト教もひとつの例だ。現在のキリスト教徒の大半は、教義を正しいかたちでは理解していないのだ。

ここでいう「キリスト教」とは、あらゆる教会と教派がキリスト教として認識しているもの、すなわち「新約聖書に書かれている教えと戒律」のことだ。キリスト教徒を自称する人は誰でも、これらの言葉を神聖なものだと見なし、「掟」として受け入れている。だが実際には、この掟に従って自分の行動を律している人は1000人に1人もいないだろう。彼らの行動を決定するのは、結局のところ、自分の国や階級や宗派における慣習だからだ。

つまり、キリスト教徒は右手と左手で別のものをもっている。一方の手には、自分を律するための倫理基準があり、彼らはそれを全知全能の神から与えられたものだと信じている。そして、もう一方の手には日常的な慣習がある。この慣習のなかには、神聖な倫理基準と重なる部分もあるが、ほとんど重ならない部分や、完全に相容れない部分もある。

どの慣習も、キリスト教の教えと世俗的なあれこれを天秤にかけて妥協した結果生まれている。キリスト教徒は神聖な倫理基準に敬意を払っているが、実際に従うのは世俗的な慣習のほうだ。

彼らはこんなふうに信じている。

「貧しく卑しい人、世間から虐げられた人は神の祝福を受ける」
「裕福な人が天国に行くのは、ラクダが針の穴を通るよりもむずかしい」
「自分が裁かれたくないなら、人を裁いてはならない」
「誓いを立ててはならない」
「自分を愛するように隣人を愛さなければならない」
「外套《がいとう》を奪った人には上着も与えなければならない」
「明日のことを心配してはならない」
「完璧になりたいなら、自分の持ち物をすべて売り、貧しい人に施さなければならない」

彼らは嘘をついているわけではなく、本心からこうした教えを信じている。問題は、深く考えずに信じてしまっていることだ。ちょうど世間の人々が、一般に「いいもの」とされ、否定的な意見が見られないものごとを盲目的に信じるのと同じだ。ただし彼らは、キリスト教の教えを「自分のあらゆる行動を律する神聖なもの」とまでは思っていない。日常生活に不便をきたさない程度に従っているだけだ。
たしかに、キリスト教の教えはどれも、気に入らない相手を非難するのには役立つ。また、何か賞賛されるような行動をとるときは、これらの教えを理由にすべきだという考え方もある。だが、キリスト教の教えは往々にして、ふつうの人なら嫌がるような大変なことを要求する。「聖書にはこう書いてある。だからきみもこうするべきだ」などと口にすれば、高慢だと思われて嫌われるのがおちだろう。

はっきり言おう。キリスト教の教義は、ふつうの信者にはまったく影響を与えない。彼らの心を動かすほどの力はない。信者は教義の言葉に対して敬意を払うが、それはあくまでも習慣的なものだ。あるフレーズを耳にしたときに、その本当の意味を掘り下げようとか、それを吸収して自分の規範にしようとか考える人はいない。まわりの信者に合わせて、ある程度のところまで従うだけだ。

特定の宗派にしかない教義のほうが強い力をもつ

初期のキリスト教徒は、現在とはまったく違っていたと考えられる。もし、最初からいまのような状態だったなら、立場の弱いユダヤ人が信じる無名の宗派がローマ帝国の国教にまで登りつめるはずがないのだ。

いまとなっては考えられないが、当時はキリスト教に敵対する人々でさえこんなことを言ったという。「キリスト教徒を見たまえ。あんなにも互いに愛し合っているんだぞ」

当時の信者たちは、のちの世代の人々の比にならないほど、自分たちの教義の意味を強く実感していたのだろう。逆に言えば、キリスト教の勢力がほとんど広がらなくなり、18世紀を経たにもかかわらずヨーロッパの人々にしか信仰されていないのは、当時のような実感が得られなくなったせいに違いない。

信者のなかには、誰よりも真剣に教義と向き合い、誰よりも深くその意味を理解した人も少なからずいる。だが、彼らの原動力となったのは、おもに宗教改革期に生まれた考え方だ。具体的には、ジャン・カルヴァンやジョン・ノックスといった宗教改革家や、自分たちと同じ熱心な信者たちが提唱した教義である。キリスト自身の教えは、彼らにとっては単なる耳ざわりのいい言葉にすぎなかったのだ。

いったいなぜ、あらゆる宗派に共通する教義よりも、特定の宗派にしかない教義のほうが強い力をもつのだろう。なぜ聖職者たちは、そうした教義の力を維持するために懸命な努力を続けているのだろう。おそらく、理由はいくつもある。だが間違いないのは、「特殊な教義のほうが批判されやすいので、公の場で弁護する機会が多い」

ということだ。戦場に敵がいなくなれば、師も弟子も自分の持ち場に戻って居眠りを始めるものなのだ。

解決した問題は深い眠りにつく

以上のことは、古くから存在するあらゆる「教え」にあてはまる。ここでいう教えには、道徳や宗教だけでなく、日常的な知識も含まれている。

この世界は、「人生とは何か」や「人はどう生きるべきか」に関する教訓であふれている。それらの教訓は一般論として受け入れられていて、誰もが他人に向かって口にするし、誰もが他人から言い聞かされる。しかし、個人的な体験（それも嫌な体験）をしないかぎり、本当の意味でその教訓を理解することはない。

予想外のトラブルに巻きこまれ、大変な思いをしているときに、何度も聞いたことのある格言が頭に浮かんだことはないだろうか？

「この言葉の意味をきちんと理解していたら、こんな目に遭わずにすんだのに」と悔やむことは誰にでもある。だが、人がそういう状況に陥るのは、「真理についての議論が足りなかったから」という理由だけではない。真理のなかには、個人的な経験を通じて「実感」しないかぎり、じゅうぶんに理解できないものがいくつもあるのだ。とはいえ、真理の意味をよく知る人々の議論をよく聞いておけば、もう少し理解が深まっただろうし、心の奥に定着させることもできただろう。

あるものごとについての疑問が消えると、人はそれについて考えるのをやめてしまう。これは人間の致命的な欠陥であり、人が犯す間違いの半分はこの欠陥のせいで生じると言ってもいい。現代のある作家が「解決した問題は深い眠りにつく」と書いているが、じつに的確な表現だ。

読者のなかには、こう反論したい人もいるはずだ。

「全員が賛成してしまったら、正しい知識にはなりえないというのか？」

「真理を理解するには、間違いに目を向ける人が必要だというのか？」

「世間に受け入れられた信仰は、生命力がなくなるというのか？」

「ある意見を完全に理解するには、なんらかの疑問がなければならないのか？」

「すべての人に受け入れられた真理は、そのままだめになってしまうのか？」

「知性を向上させる究極の目的は、人類がひとつになり、本当に重要な真理に達することだ。それこそが最高のゴールではないか。知性とは、そのゴールに達するまでのあいだしか存続しないものなのか?」

「勝利の報酬は、勝利を収めた瞬間に消えるとでもいうのか?」

私は別に、そんなことを言いたいわけではない。

人類が進歩すれば、確立された学説も増えていく。反論できない真理の「量」と「質」は、人類の幸福度を測る指標になると言ってもいいだろう。

意見が確立される流れのなかでは、論争がひとつ、またひとつと終わっていくものだ。間違った意見が確立されるのは危険なことだが、正しい意見の場合は有益だ。

意見の範囲が少しずつ狭まっていくことは避けられないし、避けてはならない。つまり、ふたつの意味で「必然」なのだ。

とはいえ、その結果が必ずしも好ましいものだとは限らない。なぜなら、真理を「生きたもの」として理解するにあたっては、反対派を説得したり、反論に対して弁護したりすることが効果的だからだ。そうした機会を失うデメリットは、真理が広く認められるメリットには勝てないだろうが、それでも私たちにとっては損失だ。

教育者たちは、その代わりになるものを提供すべきではないだろうか。熱心な反対派がそうするように、真理への反論や疑問を投げかけ、学習者たちにその反対意見を意識させるシステムがあればいいと私は考えている。

自分の無知を自覚する

だがいまのところ、そのようなシステムは用意されていない。それどころか、教育者たちは過去にあったすぐれたシステムまで手放してしまった。ソクラテスの弁証法のことだ。プラトンの対話編を読めば、このシステムがどれほどみごとなものだったかがわかるだろう。

ソクラテスの弁証法とは、哲学や人生における重要な問題について、否定的な意見を投げかけて議論するというものだ。この方法を用いると、主流の意見を鵜呑みにしているだけの人に「自分は本当は何もわかっていない」と自覚させられる。「自分はこの意見を口にしているけど、どういう意味なのかをきちんと理解できていなかった」と気づいてもらえるのだ。

自分の無知を自覚した人は、あらゆる意見の意味と根拠を理解するようになり、他人の受け売りではなく、自分自身の信念を確立していける。それこそが、ソクラテスの弁証法が目指したことだった。

中世のスコラ哲学者たちも同じような目的を掲げていた。彼らは議論を通じて、生徒が自分の意見（と反対意見）を理解しているかどうか、そして自分の意見の根拠を示して反対意見を論破できるかどうかを確かめようとしたのだ。

しかし、スコラ哲学には致命的な欠陥があった。ある意見が正しいか否かの判断が、理性ではなく権威にゆだねられた点だ。また、知性を鍛える方法としては、ソクラテス派の人々を育ててきた弁証法と比べると、さまざまな部分で劣っている。とはいえ、ソクラテスとスコラ哲学は、世間の人々が思っている以上に現代社会に恩恵をもたらしている。現在の教育の場に、このふたつの代わりになるものはない。

学問では反対意見を無視するのは最悪

教師と書物だけに頼って学ぶ人は、言われたことや書かれていることを丸暗記するだけで満足してしまう。心から満足しなかったとしても、賛成意見と反対意見の両方を学ぼうとまではなかなか思わない。

そういうわけで、あるテーマに関する賛成意見と反対意見の両方をよく知っている人はめったにいない。思想家を見ても、そういう人はけっして多くはない。「自分の意見を弁護したくても、反対意見にうまく対処できない」というのは、あらゆる人に共通する問題だ。

現在は、自分から積極的に真理を求めずに他者の意見を否定する人や、他者の弱点や間違いを指摘してばかりいる人は非難される傾向がある。たしかに、否定することだけが目的になっているなら、その人の言葉はなんの役にも立たないだろう。だが、よりよい知識や確信を得るための手段として考えるなら、きわめて大きな意味がある。

「否定」のための系統的な訓練が教育の場に戻ってこないかぎり、数学と物理学以外の分野で偉大な思想家が現れることはおそらくない。すると結果的に、社会全体の知的水準も低いままになってしまう。数学と物理学を除く学問では、反対派との議論、あるいはそれと同じ思考プロセスが不可欠だ。自分から実践するか、誰かに強制されるかに関係なく、そのプロセスを経て初めて「知識」と呼べるものが生まれるのだ。

そのため、反対意見がないときは自分でつくらなければならないのだが、これは簡単なことではない。だから、反対意見を投げかけてくる人を無視するのはあまりに愚かだ。愚かどころか、考えうる最悪の行為とさえ言えるだろう。

主流の意見に反対する人や、法律や世論の圧力さえなければ反対したいと思っている人がいるなら、その人たちに感謝しよう。彼らに心を開き、反対意見に耳を傾けよう。私たちの信念を固め、エネルギーに満ちたものにするためには、彼らの意見が必要だ。大変な作業を引き受けてくれる人がいることを、心から喜ぼう。

対立する意見の両方に真理が含まれている場合

人類はいつか、いまの私たちでは想像すらできないほどの知性を手にするだろう。だがそのときまでは、多様性の価値はけっして薄れない。最後に、意見の多様性が大切な理由をもうひとつ挙げておきたい。

ここまでは、ふたつのケースだけを扱ってきた。「主流の意見が間違っていて、主流ではない意見が正しい」ケースと、「主流の意見は正しいが、それがなぜ正しいかを理解するために反対意見との議論が欠かせない」ケースだ。

しかし、このふたつ以上によく見られるのは、「対立する意見の両方に真理が含まれている」という第三のパターンである。この場合、主流の意見は真理の一部を反映したものにすぎないので、ほかの部分を補うためには異端の意見も必要になる。複雑な問題に関しては、世間で主流になっている意見は基本的に正しいと考えられる。だが、その意見が真理の全体像を示していることはほとんどない。というか、ぜったいにないと断言してもいい。主流の意見に含まれているのが真理の大部分なのか、それともほんの一部なのかはさておき、それらが誇張され、ゆがめられているのは確かだ。その真理と共存し、ときに制限を加えるはずの別の真理は切り離されている。

一方、異端の意見のほとんどは、真理のなかで「抑圧され、無視されてきた部分」が鎖を断ち切って表面に出てきたものだ。そうした意見を支持する人は、主流の意見との共存を目指すこともあれば、主流の意見に真っ向から反対し、自分たちの意見こそが本当の真理だと主張することもある。

歴史を振り返ると、後者のパターンのほうが多いと言える。なぜなら、人間の知性は基本的には一面的なものであり、多面的になることはめったにないからだ。意見の「革命」が起きるときも、真理の一部分が消え去り、別の部分が新たな常識になるケースがよく見られる。意見の「進歩」も同じようなものだ。進歩とは本来、新しいものが積み重なっていくことだが、実際は真理の不完全な一部分から別の不完全な一部分に移り変わるだけだ。それで世の中がよくなったように思えたとしても、真理に近づいたわけではない。新しく主流になった部分が、前のものよりも時代に適しているというだけなのだ。

このように、主流の意見というのは、正しい根拠があったとしても「真理の一部を反映したもの」にすぎない。だから、異端の意見のなかに「主流の意見からこぼれ落ちた真理」が少しでも含まれているなら、その意見は貴重だ。そこにどんな間違いがあろうが、どれほど混乱に満ちていようが、大切にするだけの価値がある。

「きみたちは間違っている。われわれの意見こそが真理だ」とうるさく主張する少数派の人々は、反対に主流の意見に含まれる真理に気づいていない。冷静に考えれば、そういう人にいちいち腹を立てる必要はないとわかるだろう。むしろ、主流の意見に含まれる真理が完全でないのだから、少数派には感謝すべきだと言ってもいい。彼らはたいてい熱心なので、自分たちの考える「完全な真理」を主張して、世間の人々に新しい視点を与えてくれるからだ。

ルソーの「自然に還れ」が変えたもの

18世紀を例に挙げよう。当時は、教養のある人の大半と、その影響を受けた無教養な人全員が、近代的な科学、文学、哲学といった「文明」を過剰なまでに賞賛していた。現代の人間と過去の人間の違いを大げさに論じ、自分たちは過去の人類よりもずっと優秀だと信じて疑わなかった。

だがその時期に、ルソーの「自然に還れ」という思想が誕生した。この逆説的な言葉は、まさに爆弾のように炸裂し、人々にいい意味での衝撃を与えた。結果的に、一面的に固まっていた世論は崩壊し、新たな要素を取り入れながら、よりすぐれたものへと再構成されていった。

とはいえ、当時の主流の意見が真理とかけ離れていたわけではない。むしろ、全体として見れば、ルソーの意見よりも主流の意見のほうが真理に近かったと言える。明らかに正しい点がいくつもあったし、間違いも少なかった。

しかしルソーの主張には、主流の意見にはなかった真理がたくさん詰まっていた。ルソーの思想は、そこに含まれた大量の真理とともに、奔流となって世界をめぐった。やがて洪水は収まり、あとには堆積物のように真理だけが残されたというわけだ。

素朴な生活には価値がある。そして、人為的な社会による束縛と偽善は、人々の力を弱めて堕落させる。ルソーの著作が発表されて以来、これらの考え方が教養のある人の心から完全に消えたことはない。

現在、ルソーの思想は、言葉としてはすっかり力を失っている。いまこそ私たちは、この思想を声高に主張し、行動を起こしていく必要がある。

政党の対立は不可欠

政治についても同じことがあてはまる。

いまでは常識になっているが、正しい政治のためには、「秩序と安定」を掲げる政党と、「進歩と改革」を掲げる政党の両方がなければならない。どちらかの政党が思想の枠を広げ、秩序と進歩を同時に掲げて、何を守って何を廃止すべきかをきちんと区別できるようにならないかぎり、政党の対立は不可欠だ。

対立する政党があれば、相手の欠点を見て、自分たちの考え方をいいものにしていける。また、対立相手の反対意見があるおかげで、それぞれの政党は理性的かつ健全な考え方を維持できる。

私たちの生活にもさまざまな「対立」がある。民主制と貴族制、財産と平等、協力と競争、贅沢と節制、社会と個人、自由と規律。こうした対立については、両方の要素が公平に扱われなければならない。「公平に扱う」とは、それぞれの支持者の意見が自由に表明され、同じくらい熱心に主張され、弁護されるということだ。そのバランスが少しでも偏ったら、世論は間違いなくどちらかに流されてしまう。

対立する要素をすり合わせ結びつける

実生活における問題について言えば、真理とはつまり「対立する要素をすり合わせ、結びつけることで見つかるもの」である。だが実際のところ、この「すり合わせ」を公平に行える人はめったにいない。「対立する派閥による論争」という少々荒っぽい方法が必要なのはそのためだ。

先ほど列挙した生活上の対立は、どれも人々の意見が分かれるものだ。どの意見が多数派になり、どの意見が少数派になるかは、時代と場所によって変わってくるだろう。重要なのは、少数派の意見を寛大に扱い、積極的に支援していくことだ。少数派の意見とは、人類の幸福のために必要でありながら正しく扱われていない要素にほかならないからだ。

現在のイギリスは不寛容な国ではない。先ほど挙げた問題について、誰もが自由に意見を表明できることは、私もよくわかっている。

ここでこの話をしたのは、具体的な例を挙げることで、次の事実が普遍的なものだとわかってもらいたかったからだ。その事実とは、**「人間の知性の現状をふまえると、真理のあらゆる側面が公平に扱われるためには意見の多様性が不可欠だ」**ということだ。

全員の意見が一致するはずの場面で、なぜか違う意見を表明する人がいたとしよう。そういうときは、その意見が明らかに間違っているとしても、真摯に耳を傾けたほうがいい。たいていの場合、そこには有益な何かが含まれているからだ。逆にいえば、そういう人が意見を口にしないようになると、真理の一部が失われてしまうかもしれない。

完全な教えは存在するのか？

私の主張に対し、こう反論する人もいるかもしれない。

主流の意見がすべて不完全なわけではない。とくに、高尚で重要な問題に関しては、完全な真理と言える意見が少なからずある。たとえばキリスト教の道徳がそうだ。これと異なる道徳を説く人がいれば、その人は完全に間違っていると言わざるをえない。

この反論が正しいかどうかはさておき、キリスト教の道徳は社会において最も重要なもののひとつだ。世間の原則について考えるうえで、これ以上にふさわしい例はないだろう。だが、この事例について論じる前に、そもそも「キリスト教の道徳」とはなんなのかをはっきりさせたい。

仮にそれが「新約聖書に書かれた道徳」を指すとしよう。その場合、新約聖書を読んで学ぶ人は、そこに書かれている道徳を「完全な教え」だと考えていいのだろうか。私はそうは思わない。

新約聖書の福音書は、どれも過去の道徳を引き合いに出し、訂正すべき部分、置き換えるべき部分だけを取りあげて新しい教えを論じている。さらに福音書は、法律の条文のような「正確さ」ではなく、詩や演説のような「印象深さ」を重視して書かれているので、文字どおりには解釈できないことも多い。

つまり、新約聖書だけを読んでも体系的な道徳は身につかない。そこに欠けている部分は、旧約聖書によって補われなければならないのだ。ただし、旧約聖書にも欠点はある。たしかに体系的な道徳としてはよくできているが、もともと未開の民族のために書かれたものなので、非文明的な部分が数多くあるという欠点だ。

聖パウロは、キリストの教えの解釈と補足のためにユダヤ教を用いることに強く反対した。しかし彼の思想も、既存の道徳（ギリシャとローマの道徳）を前提としたものだったことに変わりはない。実際、聖パウロがキリスト教徒に与えた助言のほとんどは、ギリシャやローマの道徳と一致するものだった。そのために、奴隷制度まで認めていたほどだ。

キリスト教の道徳は不完全で一面的

キリスト教の道徳は、どちらかというと「神学的な道徳」とでも呼ぶべきだろう。これはキリストや使徒たちがつくったものではなく、カトリック教会が5世紀までに確立したものだ。近代人とプロテスタントは、この道徳を無条件に取り入れたわけではないが、そこまで大きな修正を施してもいない。中世になってから新たに加えられた部分を削除し、それぞれの宗派が自分たちの性格や傾向に合わせて加筆した程度だ。

いまの人類があるのは、キリスト教の道徳と、初期の時代にそれらを説いた人々のおかげだ。私はその事実を否定するつもりはまったくない。だが同時に、こうも言わせてほしい。キリスト教の道徳は、重要な部分の多くが不完全で一面的だ、と。

また、キリスト教が認めなかった思想や感情も、ヨーロッパの人々の生活や性格を豊かにするのにおおいに貢献している。人々がキリストの教えだけに従っていたら、この世界はもっとひどいものになっていたに違いない。

キリスト教の道徳と呼ばれるものは、あらゆる点で「反発」という性質を備えている。ここでいう反発とは、おもに異教徒への抗議のことである。キリスト教が掲げる理想は、積極的なものではなく消極的なものであり、能動的なものではなく受動的なものだ。気高くあることではなく、罪を犯さないことが重視される。美徳を追い求めることではなく、悪徳を寄せつけないことを奨励される。よく言われることだが、キリストの教えにおいては「これをしなさい」よりも「これをしてはならない」のほうがはるかに多いのだ。

快楽にふけるのを恐れるあまり、「禁欲」という規範が生み出されたが、この規範は少しずつ力を失い、いまではただの建前になっている。また、人々を道徳的な生き方に導くものは、天国への希望と地獄への恐怖だと考えられている。

こうした点をふまえると、キリスト教よりも古代の道徳のほうがずっとすぐれていた。しかも、キリスト教の道徳は、人間の道徳に利己的な性質を植えつけている。これでは、誰もが自分の利害にしか目を向けなくなるだろう。他者の利害について考えることがあるとしても、それはあくまでも、誰かの利害が自分の利害に結びつく場合に限られてしまう。

キリスト教の道徳の本質をひとことで表すなら「消極的な服従」である。キリスト教徒は、現存するあらゆる権威に服従しなければならない。キリスト教が禁じていることを権力者から命じられたときは、進んで服従しなくてもいいが、どれほど危害を加えられたとしても抵抗してはならない。まして、反乱を起こすなどけっして許されない。

ほかの宗教を信仰する文明国では、国家への義務が重視されるあまり、個人がもつ正当な権利がないがしろにされている。しかし、純粋なキリスト教は、国家への義務というものをまったくと言っていいほど考慮しない。たとえば「ある官職にふさわしい人物が国内にいるにもかかわらず、別の者を任命した場合、その支配者は神に対しても国家に対しても罪を犯している」というコーランの格言は、新約聖書の教えからすると考えられないものだ。

私たちの社会に「公共に対する義務」という考え方が多少なりとも存在するのは、ギリシャやローマの道徳を受け継いだおかげだ。キリスト教の道徳に、このような考え方はない。個人の道徳についても同じことが言える。器の大きさも、品性も、人間としての尊厳も、さらには名誉心までもが、宗教教育ではなく純粋な人文学教育のおかげで身についたものだ。服従だけに価値を置いている道徳をいくら学んだところで、こうした資質は手に入らない。

キリストの言葉は真理の一部にすぎない

私は何も、「キリスト教の道徳は、どう解釈しようと必ず欠陥がついてまわる」と言いたいわけではない。「キリスト教から抜け落ち、完全性を損なわせている要素の多くは、本質的にキリスト教とは相容れないものだ」と主張するつもりもない。もちろん、「キリストの教えそのものに問題がある」とはまったく思っていない。

私の考えはこうだ。キリストの言葉の真意を示す証拠は、キリストの言葉を除いてほかにない。キリストの言葉には、道徳の完全性を損なうものは何ひとつない。すぐれた道徳は、いずれもキリストの教えに取り入れることができる。その際、キリストの言葉を強引に解釈する必要はない（キリストの教えから実際的な体系を引き出そうとした人たちは例外なくそうしたが、それにならう必要はない）。

同時に、こう信じてもいる。

キリストの言葉は真理の一部を表すものにすぎず、最初からそういうものとして語られていた。また、最高の道徳に不可欠とされる数々の要素は、キリスト教の創始者の言葉のなかには残っておらず、そもそも残そうとする人もいなかった。そしてそれらの要素は、キリスト教会がキリストの言葉をもとに構築した道徳体系のなかでは完全に無視されていた、と。

以上のことから、人間の行動の規範をキリストの教えのなかに求めるのは大きな間違いだと私は考える。たしかにキリストは、そのような規範を人々に提示し、守らせようとした。しかし、実際に提示したのはあくまでも一部分だけだったのだ。

「キリスト教だけで完全な規範になりうる」という偏狭な考え方は、社会に大きな問題をもたらしているように思う。いままでは、多くの人がよりよい道徳教育を普及させるために努力するようになったが、この偏狭な考え方のせいで教育の価値が損なわれているのは間違いない。

真理のためには意見の多様性が必要

これまで、非宗教的な規範（ほかに適切な言葉がないので、こう表現させてほしい）は、キリスト教の道徳と共存し、足りない部分を補いながら、キリスト教の精神と互いに影響し合ってきた。だが、キリスト教の規範が完全なものだと見なされたら、非宗教的な規範は捨て去られることになる。

宗教的な「型」に合わせて知性と感性を育てたら、人間はどうなるだろう。おそらく、無気力で、卑屈で、奴隷のような性格が形成されることになる。「至高の意思」と考えられているものには無条件に従うが、「至高の善」という概念は永遠に理解できないし、共感することもない。そしていま、まさにそのような人が次々と育てられている。

キリスト教を唯一の源泉とする道徳だけでなく、別の道徳も必要だ。複数の道徳が共存しないかぎり、人類の道徳を再生することはできない。人間の知性が不完全である以上、真理のためには意見の多様性が必要だというのは、前に書いたとおりだ。キリスト教といえども、その法則の例外にはなりえない。

キリスト教から欠落している真理に目を向けることは、キリスト教に含まれる真理を無視することではない。ある部分を無視したり、なんらかの偏見が芽生えたりすることは、どんな理由があったとしても有害だ。とはいえ、そういう害を避けられない場合もあるだろう。そのときは、きわめて大きな利益を得るための一種のコストのようなものだと考えるのがいい。

真理の一部でしかないものを「これが真理のすべてだ」と言いきり、ほかの真理を認めようとしない人に対しては、徹底的に抗議しなければならない。ときには抗議者のほうが、偏狭な見方に反発するあまり、公平とはいえない態度をとってしまうこともあるかもしれない。抗議者なら何をしてもいいと言うつもりはないが、そういう場合はいくらか許容されるべきだろう。

もしキリスト教徒が、別の宗教を信仰する人に向かって「キリスト教に対して公平でいろ」と言いたいなら、自分たちも異教徒に対して公平な態度をとらなければならない。

道徳に関する教訓のなかで、とくに気高く、とくに大きな意味をもつものは、キリスト教の信仰を知らなかった人や、知っていたのに拒絶した人たちが残したものだ。このことは、思想史をある程度学んだ人なら誰でも知っている。この事実から目を背けるような人に、真理を語る資格などない。

真理がひそかに抑圧される恐ろしさ

あらゆる意見が自由に、そして無制限に表明されるようになったとしたら、宗教や思想における派閥主義の問題はなくなるのだろうか？　おそらく、そんなことはないだろう。

世の中の大半の人は、度量が大きいとは言えない。そんな人たちが真理というものに熱を上げると、この世界にはそれ以外の真理はないと思いこんでしまう。あるいは、自分の信じる真理を弱めるような別の真理の存在を否定し、ほかの人に自説を説いたり、なんらかの行動を起こしたりするようになる。

どんな意見だろうと、それを支持する人たちが派閥主義に走る可能性はある。この問題は、自由な議論を行ったところで解消されるものではないし、むしろ悪化することも多い。なぜなら、人は自分では気づけなかった真理を論敵から主張されると、それまで以上に相手を否定しないと気がすまなくなるからだ。

このような意見の衝突が起きたとき、いい影響を受けるのは当事者ではない。冷静に、中立的な視点から論争を眺められる傍観者たちだ。

ひとつ覚えておいてほしい。真理の一部を主張する者同士の論争はけっして悪いものではない。だが、どちらかの真理がひそかに抑圧されたとしたら、それはきわめて恐ろしいことだ。

論争が起こり、傍観者たちが両方の意見を嫌でも聞かされる状況になれば、そこには必ず希望が生まれる。問題は、一方の意見だけが人々の耳に入るようになったときだ。そうなると、その意見の間違った部分が「偏見」として定着する。しかも、真理の一部までもが誇張され、ゆがめられ、本来の力を失ってしまう。

ある問題について、一方の意見には擁護者がつき、もう一方の意見にはついていないとしよう。その状態で両者の意見を聞いて、理知的な判断を下せるほど優秀な人はめったにいない。

だから、真理にたどり着くためには、両方の側に擁護者がいなければならない。真理のさまざまな側面を示すいくつもの意見があり、それぞれに擁護者がつき、その人たちが正当な主張をして初めて、真理の全体像が浮かびあがってくるのだ。

思想の自由と言論の自由が必要な4つの根拠

ここまで、思想の自由と言論の自由が必要な理由について論じてきた。このふたつがなければ、人類のあらゆる幸福の土台になる「精神的な幸福」は手に入らない。

本章で紹介した4つの根拠を、以下にまとめておきたい。

①ある意見の発表が禁じられたとしても、その意見が間違っているとは決めつけられない。その意見が100パーセント間違っていると言いきるのは、「自分はぜったいに間違いを犯さない」と主張するのと同じことだ。

②発表を禁じられた意見が間違っている場合でも、そこにはたいてい真理の一部が含まれている。どんな問題であれ、主流になっている意見が真理の全体を表していることはありえない。だから、対立する意見が衝突して初めて、それまで見えなかった真理の側面が見えてくる。

③主流の意見が真理の全体を表すものだったとしても、それと対立する意見が存在し、自由な議論が行われていなければ意味がない。そのような状況下では、主流の意見は一種の「偏見」にすぎなくなり、それが真理である根拠を理解し、実感できる人はほとんどいなくなる。

④自由な議論が存在しないと、自分の意見の意味まで薄れたり、完全に消え去ったり

してしまう。そうなると、その意見がどんなものであっても、人の性格や行動にいい影響を与えることはない。信条はただの決まり文句でしかなくなり、人間の成長、すなわち「個人的な経験や理性を通じて心から何かを信じられるようになる」という進歩をさまたげる。

「公平な議論」と「不公平な議論」の違い

思想と言論の自由についての章を終える前に、もうひとつだけ触れておきたい。何かを表現する自由には「限界」があるということだ。

意見を表明するにあたっては、最低限の礼節をわきまえ、議論が不公平なものにならないよう気をつけるべきだと考える人は多い。だが、いったい何をもって「公平な議論」とすればいいのか。どこからが「不公平な議論」になるのか。それを明確に定めるのはまず不可能だ。

「批判された側が不快に感じるかどうか」を基準にすればいいと言う人もいるかもしれない。だが、的確で強烈な批判を受けた人は、例外なく不快に思うものだ。もしあなたが論争を行い、反論できないほど徹底的に相手を負かしたとしよう。するとその相手は、あなたのことを「礼節を欠いた人」だと見なすだろう。あなたが論争のテーマに強い思いを抱けば抱くほど、あなたの印象は悪いものになってしまう。

たしかに礼節は、実用的な観点からするととても大切なものだ。だがここでは、もっと根本的な問題について考えていきたい。

詭弁、事実の隠蔽、ごまかし、曲解は問題

どれほど正しい意見だとしても、表現の仕方に問題があれば厳しく批判されてもおかしくはない。しかし、もっとたちが悪いのは、「なぜそれが問題なのか」が一見しただけではわからないような表現の仕方だ。そして何より深刻なのは、詭弁を弄し、事実を隠蔽し、要点をはぐらかし、相手の意見を曲解することである。だが、こうした手段を用いるのは、「無知」や「無能」という言葉にはあてはまらないはずの人々だ。さまざまな点で知識と能力を備えた人が、真剣に議論しようとして隠蔽やごまかしを使うケースが非常に多いのだ。そのため、そういう人たちを「悪」だと言いきるのはむずかしい。確たる根拠と良心にもとづいて糾弾することはなかなかできないし、ましてや法律を持ち出して断罪するなど不可能だ。

議論で「不当」なものは暴言、嘲笑、人格攻撃

議論において「不当」なものを挙げるなら、暴言、嘲笑、人格攻撃といったものだろう。対立するふたつの陣営が、ともにこうした攻撃手段を批判し、禁止するというなら話はわかる。だが実際には、暴言や嘲笑や人格攻撃が制限されるのは、「それが主流の意見に向けられたとき」だけだ。少数派に対してこうした攻撃が行われても、世間が非難することはない。それどころか、攻撃した人が「熱意あふれる人」「正しい怒りに突き動かされた人」として賞賛されることもめずらしくない。

だが、このような攻撃がもたらす害は、弱い立場の人や集団が対象になったときに最も大きくなる。そして、相手を攻撃して不当な利益を得られるのは、たいていは主流の意見の支持者たちだけだ。

論争の場で人が犯しうる罪のなかで最も重いのは、「自分と反対の意見をもつ人は道徳心のない悪人だ」と決めつけ、誹謗中傷を浴びせることだろう。世間であまり受け入れられていない意見を支持する人ほど、悪人のレッテルを貼られやすい。仲間が少なく、影響力が小さく、その意見が公平に扱われているかどうかを気にする人が自

分たち以外にいないからだ。

誹謗中傷という攻撃は、その性質上、主流の意見に対しては使えない。もし使えば自分が危険にさらされるし、仮にそうならなくても、同じ攻撃が自分の主張に向けられる。だから、主流の意見に反対する人は、できるかぎり穏やかな言葉を用いて、相手を刺激しないように注意深く自分の意見を主張する必要がある。そうしなければ話を聞いてもらうことすらできないし、その基準から少しでも外れた意見は印象が悪くなる。

やめさせるべきなのは少数派の意見への攻撃

一方、主流の意見の支持者たちは、反対意見に対して好きなように誹謗中傷を浴びせることができる。その結果、世間の人々は主流の意見に対する異論を口にする意欲を失ったり、そうした反対意見に耳を傾けようと思わなくなったりする。

こうした現状をふまえると、次のことが言える。

「真理と正義のために必要なのは、少数派が主流の意見を攻撃するのをやめさせることではない。むしろ、主流の意見の支持者たちが少数派の意見を攻撃するのを禁じなければならない」

たとえば、「敬虔な信者への悪口」と「不信心者への悪口」のどちらかをやめさせなければならないとしたら、後者を選ぶべきだろう。

とはいえ、どちらをやめさせるかはともかく、確実に言えることがひとつある。誹謗中傷を禁止するために、法律や権力が介入してはならないということだ。どんな場合であっても、個々の事例をケースバイケースで考えたうえで、世論が判断を下すのが望ましい。

相手の意見は必ず尊重する

論争においては、どちらの側につくかに関係なく、公平さに欠ける主張をする人、悪意や偏見や狭量さをあらわにしている人は例外なく悪い印象を与える。だが、対立する相手がそのような態度をとったとしても、そのことを理由に「相手側の意見はひどいものだ」と言うことはできない。

さらに、どちらの立場だろうと、反対意見とその支持者のことを冷静に観察し、真摯な態度で自説を展開することが求められる。相手の不利になることを誇張して語ったり、相手に有利になることを隠したりせずに議論を行う人がいるなら、その人は賞賛されるべきだろう。

以上が、公の場での議論に求められる真の道徳だ。この道徳はときに無視されるが、きちんと守って議論にのぞむ人も少なくない。さらに、この道徳を守るために努力している人も含めたら、数はさらに多くなる。私はそのことを心からうれしく思う。

第3章 幸福の要素としての個性

行動の自由は認められるべきか？

第2章で述べたとおり、意見をもつ自由と、その意見を表明する自由は、私たち人間にとって不可欠なものだ。この自由が認められていなかったり、権力によって抑圧されていたりすると、健全な知性は育たない。それどころか、私たちの道徳性にまで悪い影響が及んでしまう。

では、自分の意見にもとづいて「行動」を起こす自由はどうなのか。自由に意見をもち、自由に表明することが必要なら、それを行動に移す自由も必要と言えるのでははないか。つまり、「私たちは、自分で責任を負う場合に限り、他者から肉体的・精神的な妨害を受けることなく、みずからの意見を実行に移すことができる」という自由が認められるべきではないのか。第3章では、このテーマについて論じていきたい。

個人の自由には限界がある

まず、「自分で責任を負う」という条件はぜったいに必要だ。意見をもつ自由とは違い、行動の自由を無条件に認めるわけにはいかない。もっと言えば、「ある意見を発表することで誰かが有害な行動を起こす危険性がある」場合は、意見を表明する自由も認められなくなる。

たとえば、「穀物商は貧乏人を餓死させる」とか「私有財産をもつのは盗みを働くのと同じ」という意見がある。こうした意見は、出版物を通して表明するだけなら認められるべきだろう。第三者にその行為を妨害する権利はない。だが、穀物商の家の前で実際にデモが起きていたらどうか。興奮している群衆の前に立ち、彼らを焚きつけるような演説をしたり、扇動的なスローガンを書いたプラカードを掲げたりした人は、処罰されて当然ではないだろうか。

正当な理由なしに他者に害を及ぼす人がいるなら、周囲はその人の行為を批判することが許される。むしろ、その行為がもたらす害があまりに大きい場合は、やめさせるために積極的に働きかけるべきだ。

そういう意味で、個人の自由には限度がある。他者に迷惑をかける行為はけっして許されないのだ。だが逆に言えば、他者に干渉することなく、あくまでも個人的な領域で、自分の好みと判断に従って行動するなら、思想の自由と同じことが言えるのではないか。誰にも邪魔されることなく、自分の責任において、みずからの意見を実行に移す自由が認められるべきではないだろうか。

人間の幸福にとって重要な個性

①人は誰でも間違いを犯す。
②「正しい」とされる意見はたいてい真理の一部を含んでいるにすぎない。
③反対意見と比較していない状態で全員の意見が一致するのはいいことではない。
④いまの人類は真理のすべての側面を認識できない。そのため、さまざまな意見が存

在するのはいいことだ。

前章で述べたこれらの原則は、私たちの「行動」にも適用できる。意見の多様性がいいものなら、行動の多様性も同じくいいものだと言える。他者に危害を及ぼさない範囲で、さまざまな性格の人たちが思い思いに行動できること。さまざまなライフスタイルが存在し、誰もがそのなかから興味のあるものを選び、実際に試し、その価値を確かめられること。いずれも人類にとって有益なことだ。

つまり、他者に干渉しないという条件のもとで、誰もが**「個性」**を発揮していく必要があるということだ。個人の性格ではなく、伝統や慣習が行動規範になっている社会では、大切な要素が失われてしまう。それは人間の幸福にとって重要なものであると同時に、個人と社会の進歩のためにも欠かせない要素なのだ。

人々がよくわかっていない個性の大切さ

だが、この原則を主張するにあたっては大きな問題がある。それは「目的を達成するための手段が理解しにくい」というものではない。それ以前に、この目的に関心をもつ人がほとんどいないのだ。

たとえば、「個性を自由に発展させることは人類の幸福のために欠かせない」と誰もが実感していたらどうなるだろう。個性の発展は、文明、知識、教育、文化といったものと同じくらい重要なだけでなく、それらを支える基盤になっていると実感していたらどうなるだろう。もしそうなっていたら、人々は自由を軽視したりはしない。生活のどの部分までを社会に管理させ、どの部分までを個人の自由にゆだねるかを決めるのも、そこまでむずかしくないはずだ。

だが現実的には、人々は個性の大切さをよくわかっていない。個人の自発的な行動に価値があるとか、誰もが互いの自発性を尊重すべきだといった考え方は、ほとんど知られていないのだ。たいていの人は現状に満足していて（多数派の人々が「現状」をつくったのだから当然ではあるが）、それ以外の生き方が必要な理由を理解できずにいる。

さらに言えば、道徳や社会の「改革」を目指す人たちでさえ、個人の自発性を高めようとは思っていない。改革者たちの目標は、自分たちの理想を社会に受け入れてもらうことだ。その目標のためには、個人の自発性はむしろ障害になりうる。だからこそ、彼らはつねに自発性を警戒しているのだ。

個性を発揮するには自由と多様性が必要

学者としても政治家としても傑出した人物であるヴィルヘルム・フォン・フンボルトは、『政府の領域と義務』で次のように論じている。

「人間の目的は、あいまいで一時的な欲求によって示されるものではなく、理性によって、永久不変の目的として定められたものでなければならない。それはすなわち、みずからの能力をできるかぎり調和を保ったまま発展させ、完全で一貫した全体にすることである」

そのため、「すべての人間がたゆまぬ努力をすべき目標、とくに他者に影響を与えたいと思う人がつねに目を向けるべき目標は、自分の能力と成長において個性を発揮することだ」

個性を発揮するには、「自由であること」と、「状況が多様であること」のふたつが必要になるとフンボルトは述べた。このふたつの条件が結びついたときに「個人の活力と豊かな多様性」が生まれ、それらが合わさることで「独創性」になるという。

以上がフンボルトの考え方だ。残念ながら、この意味を理解できる人はドイツ以外の国にはほとんどいない。

伝統や慣習は「過去の経験から学んだこと」

世間一般の人からすると、フンボルトの論理は斬新なものに思えるだろう。個性がこれほど重要視されていることに驚いた人も少なくないはずだ。とはいえ、ここでいう個性とは、あくまでも「程度」の問題にすぎない。

「立派なことをしたいなら、誰かのまねをすればいい。それ以外のことは何もしてはならない」などと考える人はいないし、「日常生活を送ったり、個人的な問題に対処したりする際に、自分の判断や個性をもちこんではならない」と言う人もいない。

反対に、「自分が生まれる前の世界では、人々は何も理解していなかった」とか「ライフスタイルや行動の良し悪しに関して、過去の人々の経験はあてにならない」といった主張をするのもおかしなことだ。若者に教育を施し、人類がこれまでに学んできた知識を身につけさせることが有益だという点には、誰もが同意するだろう。

ただし、人は成熟していくにつれて、学んだことを自分なりの方法で活用したり、解釈したりするようになる。それは人間に与えられた特権であり、そうなるのが当然だ。人類が長い時間をかけて学んできた膨大な知識のなかから、いまの自分に必要なものを見つけ出すことは、私たちに課された義務でもある。

その観点から考えると、伝統や慣習といったものは、それを支持する人が「過去の経験から何を学んだか」を部分的に示すものだと言える。あくまでも「部分的」な証拠だが、それでも相応の敬意を払う価値はある。

伝統や慣習について注意すべき３点

ただし、いくつか注意すべきポイントがある。

第一に、過去の人々の経験が限定されていたり、間違って解釈されていたりするかもしれないこと。

第二に、その慣習に従う人々にとっては正しい解釈でも、それが自分にとって正しい解釈とは限らないこと。

慣習とは、「ふつうの状況」における「ふつうの性格の人」を対象につくられるものだが、自分がその意味での「ふつう」ではないかもしれないからだ。

第三に、その慣習が理にかなっていて、自分の性格に合ったものだとしても、「慣習だから」という理由だけで従うのは間違っているということ。

そんな生き方をしていても、人間だけに与えられたすばらしい能力はいつまで経っても鍛えられない。人間の能力とは、「選択」を通じて発展していくものだ。理解力も、判断力も、識別力も、思考力も、さらには道徳性までもが選択によって鍛えられていく。理由もなく慣習に従うのは、選択することを放棄するのと同じだ。それでは最善のものを見分ける力はつかないし、最善のものを求める力すら育たない。

知性と精神も筋肉と同じで、使うことによってのみ鍛えられる。ほかの人に合わせて行動や考え方を決めているだけでは、けっして成長しないのだ。

もしあなたが、自分の理性が納得していない意見を無理に支持したとしよう。すると、あなたの理性は鍛えられるのではなく、むしろ弱まっていく。同じように、自分の感情や性格に反する行動をとった場合、あなたの感情と性格は活気を失って弱々しいものになってしまう(もちろん、愛情や他者への配慮からそういう行動をとる場合は例外だが)。

その行動をとった人がどういう人か

自分の生き方を世間や周囲の人に決めてもらっている人に、人間的な能力は必要ない。猿のように誰かのまねさえできればいい。

一方、自分の生き方を自分で選ぶ人は、すべての能力を駆使することが求められる。観察力を使って現実を見て、推理力と判断力を使って将来を予測し、行動力を使って判断材料を集め、識別力を使って決定を下す。決定を下したあとも、自分が出した答えを貫くために、強い意志と自制心を発揮していかなければならない。

自分の判断と感情にもとづく行動が多ければ多いほど、こうした能力を発揮する場面は増えるし、求められる能力も高くなる。もしかしたら、じゅうぶんな能力を備えていない人が、運よく正しい道に導かれ、トラブルに遭うことなく生きていけるケースもあるかもしれない。だが、そういう人にどれほどの価値があるのだろう？

重要なのは、「その人がどういう行動をとるか」だけではない。「その行動をとった人がどういう人か」も同じぐらい重要だ。人は誰しも、人生をかけてさまざまなものを完成させ、磨きあげていく。では、人がつくり出す作品のなかで最も価値があるものは何か？　間違いなく自分自身だ。

人間とまったく同じ見た目をした機械が、家を建て、穀物を育て、戦争を行い、法廷で闘い、教会を建てて祈りを捧げられるようになったとしよう。そうした機械が人間に取って代わることは、大きな損失だと言える。たとえその対象が、現代における最も文明的な地域に住む人々（つまり自然が生み出しうるもののなかで最も弱い存在）だとしても、損失であることに変わりはない。

人間は、根本的に機械とは異なる存在だ。設計図に従って組み立てられたわけではないし、特定の仕事を正確に行うようプログラムされているわけでもない。たとえるなら、人間は樹木のようなものだ。生命を宿すすべての存在がそうであるように、内部の力に従ってあらゆる方向に成長し、発展するようにできているのだ。

欲求と衝動が強いのはエネルギーが強いから

人間は、自分の理解力を働かせる必要がある。また、何も考えずに慣習に従うより、従うか逆らうかを理性にもとづいて決めるほうがずっといい。このふたつの点については、おそらく誰もが同意するだろう。

一般的に、理解力とは個人が所有する能力だと考えられている。だが、欲求や衝動も個人のものだという考え方は、あまり受け入れられない。たいていの人は、強い衝動は危険なものであり、はまってはならない「落とし穴」だと考えるからだ。

だが、欲求と衝動は必ずしも悪いものではない。信念や自制心と同じで、完全な人間であるために欠かせない要素だと言ってもいい。強い衝動が危険なものになるのはバランスが崩れたときだけだ。つまり、一方の目的と好みだけが強くなり、反対方向に作用する目的と好みが弱い状態にあるのはいいことではない。

人が間違ったことをしてしまうのは、欲求の強さのせいではなく、良心の弱さのせいだ。そして、衝動の強さと良心の弱さはけっして比例しない。むしろ、良心の弱さは衝動の弱さに比例するものだ。

欲求や衝動がほかの人よりも強く、しかも多様な人は、豊かな人間性をもっていると言える。たしかに、そういう人は悪いことに手を染めやすいだろうが、いいことをする可能性も同じくらい高いのだ。

強い感受性から生まれる英雄を育てる

簡単に言えば、衝動の強さとはエネルギーの強さのことだ。エネルギーがいつでもいい目的のために使われるとは限らないが、感情と気力が不足した人より、エネルギーに満ちた人のほうが世の中に貢献できるのは間違いない。

自然な状態の感情が強い人は、洗練させた感情も強いものにできる。衝動の強さは「強い感受性」の上に成り立つものであり、強い感受性は「美徳を求める気持ち」と「強い自制心」を生み出す源泉でもある。

社会は、人々の感受性を育まなければならない。それは社会の義務であると同時に、利益を追求する手段でもある。英雄の育て方がわからないからといって、英雄の資質そのものを捨ててしまうのは間違っているのだ。

みずからの欲求と衝動を発展させ、必要に応じて修正を加え、完全に自分の気質にした人は、その人特有の性格をもつという。反対に、欲求と衝動を自分のものにできていない人は、固有の性格というものを備えていない。蒸気機関が性格をもたないのと同じことだ。

自分なりの強い衝動をもち、それを強い意志で制御している人を見れば、どの人もエネルギッシュな性格の持ち主だとわかるだろう。欲求や衝動という「個性」を伸ばすべきではないと考える人は、こう言っているようなものだ。
「強烈な性格をもつ人なんて、社会には必要ない。そういう人が多ければ多いほど社会には不利益がもたらされる。人々のエネルギーの水準が高くなるのはいいことではない」

人と違うことを恐れて「ふつう」を選ぶ現代人

たしかに、初期の社会においては、人々のエネルギーの強さが社会の力を上回っていたかもしれない。実際、人々の自発性と個性があまりに強かったせいで、社会の原理との激しい衝突が何度も起きていた。

当時の最大の問題は、体力や知性に秀でた人をいかにルールに従わせ、いかにその強い衝動を抑えこむかというものだった。この難問を解決するために、支配者はローマ教皇と同じ論理を持ち出した。つまり、「個人の人格に対する完全な支配権」を主張したのだ。人々の性格を統制するために、生活のあらゆる面を管理することが、社会が見出した唯一の方法だった。

だが、時代は変わった。社会はすでに、人々の個性をおおむね統制できるようになった。私たちの人間性は、個人の衝動や好みの過剰さではなく、その不足のために脅かされている。

かつては、地位の高い人や、すぐれた才能をもつ人が法律や慣習に反発するのは当然のことだった。そのため社会は、一般市民にまで影響が及ばないように、そういう人々を厳重に管理する必要があった。だが現在では、どの階層に属するかに関係なく、あらゆる人が敵意に満ちた恐ろしい監視のもとで暮らしている。

現代の人々は「どうするのが自分らしいか」とは考えない。誰かと一緒にいるときはもちろん、家族内の会話や、独り言であってもそういう言葉はまず出てこない。

「私の性格と気質に合うものはなんだろう？」

「私のなかにある最高の部分、最良の部分を活用して、成長させて、開花させるにはどうしたらいいんだろう？」

といった考え方はせず、

「私の立場にふさわしいのはなんだろう？」

「私と同じ地位に就いて、同じ収入を得ている人は、どうしているんだろう？」

と考える。もっと品のない例を挙げるなら、
「私より高い地位に就いて、たくさん稼いでいる人は、ふつうはどうしているんだろう？」
という考え方もある。

私が言いたいのは「現代の人々は自分の好みよりも世間の慣習を優先する」ということではない。人々はいまや「慣習から外れているものを好む」という発想すらなくしてしまったのだ。

現代人は、精神的に完全に抑圧されている。娯楽に関してさえ、周囲に合わせることを真っ先に考える。みな、人と違うことが何よりも恐ろしいのだ。何かを選ぶときは、「ふつう」とされる選択肢のなかからしか選ばない。風変わりな趣味や奇抜な行動を「犯罪」のように見なし、距離を置こうとする。自分の本当の性格からつねに目を背けているせいで、性格そのものが消え去ってしまう。

人間としての能力は衰えつづけ、何かを強く望んだり、何かを自然に喜んだりすることがなくなる。自分の意見と呼べるものや、自分の感情と呼べるものは何もない。はたして、これが人間の正しいあり方なのだろうか。

「服従」によってのみ善をなすことができる？

カルヴァン派の教義では、これこそが人間の正しい状態だとされている。

カルヴァン派の考え方によると、自分の意思をもつことは人間の大きな罪のひとつだという。人は「服従」によってのみ善をなすことができる。選択してはならない。命令に従い、ほかには何もしてはならない。義務以外のものはすべて罪である。人間の本性は根本的に腐っている。だから、内なる人間性を完全に否定しないかぎり、人が救われることはない。

このような教義を信じる人たちからすると、人間の能力や感性を消し去るのは少しも悪いことではない。人間はただ、神の意思にすべてをゆだねるだけでいい。人の能力は、自分たちが神の意思だと思うものを果たすためだけに使うべきだ。ほかのことのために使うぐらいなら、そんな能力は最初からないほうがいい。

以上がカルヴァン派の考え方だ。「自分はカルヴァン派ではない」と考えている人のなかにも、この論理を少し薄めたかたちで信じている人は多い。つまり、敬虔なカルヴァン主義者ほど禁欲的にならず、「人間が自分の好みにある程度従うのも神の意思だ」と考える人たちだ。

もちろん、自分の好みに従うといっても、好き勝手に行動することは許されない。あくまでも「服従」という名目で、権力者が定めた方法どおりに好みを追求しなければならない。すると結局、誰もが同じ行動しかとらないようになる。

理解、行動、楽しむ力を駆使して「理想の姿」へ

こうした窮屈な人生観や、それが生み出す偏狭な人々をよしとする風潮はいまだに根強く残っている。神が求めたものは、束縛され、小さな心しかもたなくなった人間だと本気で信じている人は多いのだ。自然に成長した樹木よりも、人間の手で剪定されたり、動物のかたちに刈りこまれたりした樹木のほうが美しいと言うのと同じ理屈だ。

とはいえ、「人間は至高の善である神によって創造された」と信じることが宗教の一部だとしたら、もうひとつ信じるべきことがある。それは「神が人間にさまざまな能力を与えたのは、それらを根絶させることではなく、育てて開花させるためである」という考え方だ。

この考え方を無視すると矛盾が生じる。神にとっての喜びとは、みずからの創造物

である人間が、理解する力、行動する力、楽しむ力を駆使して「理想の姿」に近づくことだと考えるほうが、整合性がとれているのではないか。

人間の理想像に関しては、カルヴァン主義者と異なる考え方もある。「人間性は捨てるべきものではなく、なんらかの目的のために用いるべきものだ」という思想だ。スコットランドの著述家であるジョン・スターリングは、「異教徒のように自己主張すること」は「キリスト教徒のように自己否定すること」と同じく、人間に価値を与える要素だと述べた。

また、古代ギリシャには「自己成長」という理想も存在した。プラトンの思想や、キリスト教の教義における「自己管理」の理想にはこれと重なる部分もあるが、けっして同じものではない。

野心に満ちたアテネの将軍アルキビアデスよりも、宗教改革の指導者ジョン・ノックスのような人物になるほうがいい。だが最も理想的なのは、アテネの政治家ペリクレスのような人物になることだ。彼のような人が実際にいれば、その人はジョン・ノックスがもっていたあらゆる美点を備えているに違いない。

豊かな個性は、本人にも他者にもすばらしいもの

人間が高貴で美しい存在になるために必要なのは、個性を完全に消し去り、誰もが同じような性格をもつことではない。「他者の権利と利益を損なわないという条件のもとで、それぞれの個性を育て、いかんなく発揮していくこと」だ。

内面的な個性が育まれれば、その人の行動も個性的なものになる。すると人々の生活は、それまで以上に豊かで、多様で、活発なものに変わっていく。高尚な思想と感情が刺激され、人類全体の幸福度が上がる。人類の一員であることの意義を深く実感し、他者との結びつきも強くなる。

個性が育てば育つほど、その人の価値は高まっていく。豊かな個性は、本人にとっても他者にとってもすばらしい意味をもつ。誰もがそれぞれ個性を発揮すれば、やがて集団全体に大きなエネルギーが生まれるだろう。

もちろん、強烈な個性をもつ人が他者の権利を損なわないよう、なんらかの制限は必要だ。しかし、制限をかけたからといって、人間の成長が阻害されることはない。

たとえば、他者の権利を侵害してでも自分の欲求を押し通そうとする人がいるとしよう。その人の目的は、要するに「他者の成長をさまたげて自分を成長させること」

だと言える。そういう利己的な行為を制限することは、他者の利益を守るだけでなく、その人自身の社会性を伸ばすことにもつながるのだ。「利己的になってはならない」というルールを通じて、「利他的になるための感情や能力」を伸ばしていけるということだ。

一方で、「ほかの人の好みに合わないから」という理由で、他者の幸福を損なわない行為に制限をかけることは問題だ。そういう不当なルールは人の成長にはつながらない。ルールに反抗する気の強さが身につく可能性はあるが、せいぜいそれくらいだ。反抗すらしない人の場合、やがて人間性そのものが錆びついてしまうだろう。

すべての人が、自分の人間性を100パーセント発揮していくためには、「他者とは違う生き方をする自由」が認められなければならない。この自由がどこまで認められたかによって、その時代の歴史的な価値が決まると言ってもいい。

人々の個性さえ残っていれば、たとえ専制政治が行われたとしても最悪の結末は訪れない。逆に言えば、人々の個性を潰すような体制があれば、どれほど立派な名前がついていようが、「神の意思」や「人民の意思」を実行しただけだと権力者が主張しようが、その体制は専制政治にほかならない。

個性とは、人間の成長を表すものである。個性を育んで初めて、私たちは成熟した人間に近づけるのだ。

以上の話をもって、本章を終わりにしてもいいかもしれない。なにしろ、「最良の人間になる方法」と「最良の人間になるうえでの障害」について論じたのだ。私たちの生活において、最も求めるべきものと最も避けるべきものを示したのだから、ほかに語るべきことはないはずだ。

だがやはり、ここまでの話だけでは、最も説得しなければならない人々に納得してもらうのはむずかしい。自由のおかげで成長を遂げた人が、そうでない人たちにどんな利益をもたらすかまで示すべきだろう。

自由を求めない人にも自由の恩恵がある理由

世の中には、「自由を求めず、たとえ与えられても活用するつもりがない人」が一定数いる。だが、誰もが自由を行使することが認められたら、その人たちにもさまざまなメリットがある。ここから先は、そのメリットについて論じていきたい。

第一のメリットは、自由を謳歌する人から何かを学べるかもしれないことだ。

私たちの社会において「独創性」が重要なのは言うまでもない。新しい真理を発見する人や、かつての真理が真理としての価値を失ったことを指摘する人がいなければ、人類の成長は望めない。加えて、新しいことを始める人や、人類のためになる行動規範を示したり、時代に即した趣味や価値観を広めたりする人も同じくらい大切だ。「人類の行動や文化はすでに完璧な域に到達している」と信じている人ならともかく、そうでない人は私の言うことに同意してくれるだろう。

ただし、誰もがそうした才能をもつわけではない。他者に影響を与え、それまでの慣行を変えられるような人は、人類全体のなかでもほんの一握りしかいない。しかし、その一握りの人々こそ、聖書で言うところの「地の塩」である。その人たちがいない社会は、さながら澱んだ池のようなものだ。

彼らは新しい何かを生み出すだけでなく、すでに存在するものに生命力を与えてもいる。新しく何かを始める必要がなくなったとしたら、人間の知性は必要なくなるのではないか。古い慣行に従いつづける人は、自分がなぜそうするのかを忘れ、家畜のように同じ行動をとっているだけでいいのか。

すぐれた信仰や慣行は、往々にして機械的なものになってしまう。古い伝統がだらだらと続くのを防ぐには、独創性のある人々が定期的に現れ、新しい風を吹きこまなければならない。生命力を失った古い伝統は、みずみずしい信仰や慣行が世に現れたとたんに消えてなくなるものだ。ビザンチン帝国がそうだったように、文明そのものが滅びる可能性もある。

天才が育つのは自由な土壌と空気

実際のところ、天才と呼ぶべき人間は歴史上わずかしかいなかったし、これからもそうだろう。だが、天才が育つ土壌がなければ、その少数の天才すらも現れない。天才が自由に呼吸できるのは、自由な空気のなかだけだ。そして天才とは、誰よりも個性的な人物のことである。

社会にはいくつかの「型」があり、誰もがいずれかの型に合わせて人格をつくりあげていく。型のおかげで、たいていの人はそこまで苦労せずに自分の性格を形成できるようになったが、天才の場合はそうはいかない。誰よりも際立った個性をもつ人が型に合わせようとしても、けっしてうまくはいかないのだ。

臆病な天才がいたとしたら、その人は自分を型に入れ、サイズが合わない部分を必死に押しこめるかもしれない。そうなったら、その天才的な能力が社会に利益をもたらすことはなくなる。

反対に、強烈な性格をもつ天才がいたら、その人は社会による束縛を打ち破るだろう。その結果、「ふつうの人」をつくり出すのに失敗した社会は、その人に「野蛮人」や「変人」といったレッテルを貼り、厳しく責め立てるようになる。これではまるで、ナイアガラ川を見てこんな文句をつけるようなものだ。「なぜオランダの運河のようになっていないんだ。水が両岸のあいだを静かに流れていないなんて、とんでもないことだ」

天才には自由に才能を発揮してもらう

ここまでの話をふまえて、私は次のように主張したい。

「天才は非常に重要な存在である。したがって、思想と行動の両方の面で、彼らには自由に才能を発揮してもらわなければならない」

理屈としては、誰もが私の主張に同意してくれるはずだ。だが実際のところ、この主張について真剣に考えてくれる人はほとんどいないのではないか。

世間では、天才というと「感動的な詩を書く人」や「すばらしい絵を描く人」を指すものだと思われるし、そういう天才がもてはやされているのも確かだ。しかし、本来の意味での天才、すなわち「思想と行動の面で独創性を発揮する人」はあまり受け入れられない。口に出す人はめったにいないが、誰もが心の奥では「そんな天才などいなくてもいい」とまで思っている。残念ではあるが、これはごく自然なことでもある。

独創性とは、独創的でない人には価値がわからないものだ。ふつうの人は、それがなんの役に立つのかを理解できないし、理解できなくて当然だ。誰もが理解できる考えは、そもそも独創的な考えではないのだから。

では、独創性はどんなふうに役立つのだろう。

独創性の最初の仕事は、一般の人々の目を開かせることだ。独創性をもたない人でも、ひとたび目を開かされたら、独創性を身につけられるかもしれない。身につけるまではいかなくても、こんなふうに謙虚に考えられるようになるだろう。

「いま存在するすべてのものごとは、最初に行った人がいる。自分たちがさまざまな利益を得られているのは、すぐれた独創性をもつ過去の誰かのおかげだ」

「いま存在するものが完全なはずはない。だから、現状に甘んじてはならない」

「独創性なんて必要ないと思えるときほど、世の中には独創性が必要なのかもしれない」

優秀な人よりも凡庸な人が権力をもつ

優秀な人、あるいは優秀だと見なされている人は、本音かお世辞かはさておき、世間から賞賛されるものだ。しかし、世界全体として見ると、優秀な人より凡庸な人のほうが権力をもつようになっている。

古代や中世においては、個人がそれぞれ力をもっていた。封建制から近代にいたるまでの長い時期に、個人の力は少しずつ弱まっていったが、それでも才能のある人や高い地位に就く人が「強い」のは変わらなかった。

だが現在、個人は大衆のなかに埋もれている。政治について言えば、「世論がすべてを支配している」というのは常識だ。いまの世の中で「力」と呼ぶべきものは、大衆の力と、大衆の考えや好みの代表者としての政府の力だろう。このことは、公的な場だけに限らず、私的な社交の場にもあてはまる。

「世論」という言葉の意味は国によって異なるだろう。アメリカでは白人全員の意見を指すし、イギリスではおもに中産階級の意見を指す。それでも「大衆」であること、つまり「凡庸な人々の集団」であることはどの国でも共通している。

さらに、現代にはもっと大きな特徴がある。大衆はいまや、権威とされる人々の意見に従わなくなった。高名な聖職者の意見であれ、政府高官の意見であれ、指導者を自称する人の意見であれ、書物に残された意見であれ、あまり参考にしないのだ。

大衆の意見をつくり出すのは、大衆と同じ立場にいる人々である。そういう人たちは、ときには大衆のために、ときには「大衆」という立場を利用して、その場その場で思いついた意見を新聞に書いて広めている。

私は、そうした現状に文句を言いたいわけではない。「人間の精神が未熟とはいえ、いまの状態はあまりにひどすぎる」などと言うつもりもない。しかし、現実問題として、凡庸な人たちによる政治をこのまま続けていたら、政治そのものが凡庸なものになるのは避けられない。

少数派が賢明な行為や高尚な行為を始める

民主制を掲げる政府も、大勢の貴族が集まった貴族制の政府も、凡庸さから脱却することはできなかった。政府が起こす行動も、その政府のもとで発展した思想や能力や知性も、凡庸なものばかりだった。ただし例外もある。権力を握る多数派が、すぐれた才能と知性をもつ個人（あるいは少数の集団）から影響を受け、その助言に従って政治を行ったときだ（民主制や貴族制の政治がうまくいっていたときは、つねにこの方式がとられていた）。

賢明な行為や高尚な行為は、どれも少数派が始めるものだったし、そうなるのが必然だった。実際、指導者の座に就いたのは、少数派のなかの個人である。一般の人々は、その指導者についていくことに喜びを見出した。賢明さや高尚さを理解し、目を開かされて導かれることは、人々にとっての名誉であり、誇りだったのだ。

私はいわゆる「英雄崇拝」を支持しようとは思っていない。才能と力をもつ人が強引な方法で権力を握り、世界を自分の支配下に置くことを讃えるつもりはない。そのような強者に与えられる自由は、進むべき道を示す自由だけだ。仮に強者が、その道を進むことを他者に強制したらどうなるか。その人は、自分以外のすべての人の自由を奪って成長をさまたげるだけでなく、自分自身をも堕落させることになる。

ところが今日では、凡庸な人たちの意見が強い力をもつようになった。どの国を見ても、大衆の力が政治を支配しているか、支配しようとしている状態だ。

では、大衆の力に対抗し、バランスをとり、正しい方向に軌道修正するために必要なものは何か。それこそ、「卓越した思想をもつ人々の強烈な個性」だと私は考えている。こんな時代だからこそ、個性豊かな人が大衆と異なる行動をとるのを奨励すべきなのだ。

変わり者が社会を変える

かつての社会では、人と違うことをするなら、よほどすばらしい結果を出さないかぎり意味がなかった。だがいまの社会では、大衆に合わせない姿勢、慣習に服従しない姿勢を示すだけでも大きな意味がある。

世論の専制によって、変わり者に非難の目が向けられる傾向が強まった。この専制を打ち破れるのは、変わり者自身にほかならない。強烈な性格の人が多かった時代や場所には、変わり者があふれていた。ある社会に存在する変わり者の数は、その社会における卓越した才能、すぐれた知性、すばらしい勇気の総量に比例する。だから私たちは、変わり者になろうと考える人があまりに少ない現状をもっと危惧しなければならない。

「最善」ではなく「その人自身」の方法かどうか

繰り返すが、慣習から外れる行為を片っ端から禁じるのは間違っている。人々に最大限の自由を与え、自分のしたいことをするよう奨励すれば、新たな慣習として取り入れられるものが出てくる可能性があるからだ。

とはいえ、行動の自由を認めるべき理由はそれだけではないし、飛び抜けて優秀な人だけにこの自由を与えるべきだと言うつもりもない。重要なのは、「誰もが特定の型に合わせて自己を形成していかなければならない」という考え方自体、根本的に間違っているということだ。

最低限の常識と人生経験をもつ人なら、自分の生活を自分で組み立てていくのが望ましい。「最善の方法かどうか」ではなく「その人自身の方法かどうか」が何よりも重要なのだ。人間は羊のように無個性な生き物ではない。というか、羊でさえ多少の個性を備えている。

上着や靴を買うときでも、オーダーメイドにするか、倉庫にぎっしり詰まった商品のなかから時間をかけて選ばないかぎり、自分にぴったりのサイズのものは手に入らない。自分にぴったりの上着を見つけるのは、自分にぴったりの生活を見つけることよりもむずかしいのだろうか？　人間の足のかたちは、精神と肉体のあらゆる面よりも複雑なのだろうか？　人の好みがそれぞれ違っていることだけを見ても、全員をひとつの型に押しこめるのは不可能だとわかるはずだ。

多様性がなければすべての人が幸せにはなれない

さらに、精神的な成長に必要な条件も人によって異なる。あらゆる植物が同じ環境で元気に育つわけではないように、すべての人間が同じ環境で健全に成長できるわけではない。ある人にとっては「人間性を高めてくれる材料」になるものが、別の人にとっては「成長を阻害する要因」になる。ある人にとっては刺激的で、行動する力と日々を楽しむ力を与えてくれるようなライフスタイルでも、ある人にとっては精神を弱らせる重荷になる。

人が感じる喜びや苦痛はひとくくりにはできない。あるものごとに対して、肉体と精神がどのような影響を受けるかは人それぞれだ。もしライフスタイルの多様性が認められないとしたら、すべての人が自分なりの幸せを手にすることなどできはしない。知性や道徳心や美的感性を、その人にとっての最高のレベルまで成長させることも不可能になる。

ここまでの話をふまえて、こう問いたい。社会が寛容なものだというなら、その寛容さはもっと広い範囲に向けられるべきではないか、と。つまり、「多数派が認めている趣味やライフスタイルのなかから好きなものを選べる」という自由ではなく、あらゆる趣味やライフスタイルのなかから自分に合ったものを選べる自由が必要なのではないか。

いくつかの修道院は例外としても、趣味の多様性がまったく認められていない場所はない。たとえば、ボート、喫煙、音楽、スポーツ、チェス、トランプ、勉強といったものは、好きだろうと嫌いだろうと誰かから非難されることはない。なぜなら、好きな人も嫌いな人も数が多すぎて、一方を抑えこむことができないからだ。

だが、「誰もしないことをする人」と「みんながしていることをしない人」は、まるで道徳に反することでもしたかのように徹底的に非難される。女性がそういう行動をとった場合、非難の声はいっそう厳しいものになる。

世間から非難されずに、ある程度のところまで自由に行動できるのは、立派な肩書きのある人、身分の高い人、あるいはそういう有力者の後ろ盾を得ている人だけだ。

もう一度言うが、そういう一部の人たちでさえ、ある程度までの自由しか認められていない。もし一線を越えてしまったら、悪口を言われる程度ではすまないかもしれない。精神鑑定にかけられたあげく、財産をすべて親戚に引き渡される可能性もある。

理想は「はっきりした特徴をもたない人」？

現在の世論は、個性をはっきり出すことに対してはとくに不寛容だ。社会における「ふつうの人」とは、知的水準が平凡なだけでなく、好みも平凡な人を指す。その人たちは、「ふつうとは違うことをしよう」と思えるほど強烈な趣味や願望をもっていない。また、そういう趣味や願望をもつ人をまったく理解できないので、粗野な人々、乱暴な人々と同類だと決めつけて軽蔑する。

では、こうした傾向のもとで、人々の道徳性を伸ばそうとする動きが始まったらどうなるだろう？　答えは考えなくてもわかる。

じつは、そのような動きはすでに起きていて、私たちの行動をこれまで以上に型にはめ、抑えつけている。また、博愛の精神が広まったことで、人々は周囲の人の道徳や考え方まで「改善」しようと努力するようになった。

こうしたことが重なったために、現代は過去のどの時代よりも同調圧力が強まっている。大衆は熱心にルールを定め、すべての人に正しいことをさせようと躍起になる。では、正しいこととは何か。それは、「何かを強く望まない」ことだ。

現代における理想の性格は、「はっきりした特徴をもたない人」だとされている。逆に言えば、性格のなかに目立った部分、一般的な基準から外れている部分があれば、中国の貴婦人の足のように縛って萎縮させるべきだと考えられているのだ。

「エネルギーあふれる強い人」がいない社会

「理想」というものから、もともとあった願望の半分を取り去ったらどうなるだろう。たいていの場合、残った半分の願望も完全には満たされなくなる。実際、現代のルールがつくり出す人間は、「理想の人間像」の半分の要素を不完全なかたちで満たす人ばかりだ。あふれるエネルギーをすぐれた理性でコントロールできる人や、強烈な感情を良心で抑えこめる人はいない。誰も彼も、弱々しい感情と乏しいエネルギーしか備えていないのだ。

社会のルールに表面的に従うだけなら、そういう人でも問題なくできる。いまや社会はそのような人たちが回していて、「エネルギーあふれる強い人」は非現実的な存在だと考えられるようになった。

いまのイギリスでエネルギーを発揮できるのは、ビジネスの場ぐらいだろう。ビジネスの場を見れば、誰もが精力的に取り組んでいるのがわかる。

ビジネスで使いきらなかったわずかばかりのエネルギーは、なんらかの趣味に注ぎこまれる。人々の趣味のなかには、役立つものや慈善的なものもあるかもしれないが、それでもエネルギーがひとつのこと、それもごく小さなことに向けられているのが現状だ。

イギリスを偉大な国にしている要素はすべて、集団の力で勝ち取ったものだ。個人の力だけでは、大きな成果は得られない。イギリス人が偉大に見えるのは、個人が団結する習慣が根づいているおかげだ。博愛をよしとする道徳家と宗教家は、この事実に満足しているように思える。

だが、覚えておかなければならない。イギリスを偉大にしたのは、いまのイギリス人とは違う種類の人々だ。そして今後、イギリスが衰退するのを防ぐためには、そのような人たちの力がふたたび必要になるだろう。

進歩は自由によってのみもたらされる

慣習が思想や行動を支配するようになると、人間の成長はさまたげられる。私たちに備わるはずの「進歩の精神」や「自由の精神」は、慣習の力に抑えこまれてしまう。

進歩の精神は、自由の精神といつでも一致するわけではない。なぜなら、現状維持を求める人に進歩を強要してしまう場合もあるからだ。そのようなケースでは、進歩に反対する人が自由の精神を発揮することになる。

しかし、進歩のためには自由が欠かせない。自由があるからこそ、個人は自分なりの進歩のきっかけを手にすることができる。

自由を求める進歩であれ、改革を求める進歩であれ、慣習の支配に抵抗するという点は共通している。少なくとも、どちらも慣習の支配から解放されることを求めている。そういうわけで、進歩を求める勢力と慣習を維持しようとする勢力の争いは、歴史を通じて重大なものと見なされてきた。

この世界に、本当の意味での「歴史」をもつ国は多くはない。というのも、ほとんどの国は慣習によって徹底的に支配されてきたからだ。たとえば、東洋がいい例だ。東洋では、どんな問題も最後には慣習にもとづいて決定が下される。正義や公平という言葉は、「慣習に即していること」を意味する。権力を手にして浮かれている暴君を除けば、慣習に逆らおうとする人はいない。そのような歴史を経て、現在の東洋が形づくられた。

東洋の人々も、かつては独創性を備えていたに違いない。東洋諸国は、最初から人口が多かったわけではないし、教育がさかんだったわけでも、生活手段が豊富だったわけでもない。自分たちの手で、すべてをいまの水準まで高めたのだ。当時の彼らは、世界で最も力をもつ民族だった。

だが、いまではどうだろう。東洋人は西洋人に支配され、従属するだけの存在になっている。東洋人の祖先が豪華な宮殿や壮大な寺院を築いていたころ、西洋人の祖先はまだ森のなかを歩きまわりながら暮らしていた。しかし西洋人の祖先は、ただ慣習に従うだけでなく、自由と進歩も大切にしていたのだ。

個性がなくなると進歩が止まる

民族というのは、ある程度まで進歩を遂げたとしても、どこかの段階で成長が止まるようだ。その段階とは、個性をもつ人がいなくなったときだ。

ヨーロッパの人々の成長が止まる時期が来たとしても、東洋とはまた違った動きになるだろう。理由は簡単だ。ヨーロッパにおける慣習の専制は、変化をまったく許さないものではないからだ。たしかに、個人が変わったことをするのは許されない。しかし、全員が一度に変化することは認められるのだ。

実際、祖先の時代に存在した服装のルールは、いまのヨーロッパには残っていない。全員が同じような服を着るという点では変わっていないが、年に1回か2回は流行が変わる。服装などが変わるのは、いわば「変化のための変化」にすぎない。私たちが関心を払うのはこうした変化であり、「美しさ」や「便利さ」という概念が変わることではない。美しさや便利さに関しては、新しい考え方が国全体で同時に取り入れられたり、いまの考え方が同時に捨て去られたりすることはないからだ。

加えて、ヨーロッパの人々は現在、変化だけでなく進歩も経験している。たえず新しい機械が発明されているし、その新しい機械も、よりすぐれた新しい機械が登場すれば捨てられる。政治、教育、さらには道徳までもが改善の対象になっている（ちなみに、ここでいう「道徳の改善」とは、「あなたも私と同じように善良な人間になりなさい」と他者を説得したり、強制的に自分の側に引き入れたりすることだ）。

全体としては、ヨーロッパの人々は進歩そのものに反対しているわけではない。むしろ、自分たちは歴史的に最も進歩的な人間だと思っている。人々が抑えこもうとしているのは、それぞれがもつ個性だ。ヨーロッパの人たちの理想は、全員が同じような人間になることなのだ。自分とは違うタイプの人がいるからこそ、自分の不完全な部分を自覚したり、相手の長所に気づいたり、お互いの長所を組み合わせたりして成長していけるのに、誰もがそのことを忘れているようだ。

画一化が停滞を生み出す

この状態がどれほど危険かは、中国の例を見ればよくわかるだろう。かつての中国には、さまざまな才能をもつ人や、すぐれた知性をもつ人が何人もいた。そうした人を生み出したのは、大昔から伝わるすばらしい慣習があったおかげだ。現在のヨーロッパの有識者たちも、その慣習をつくった人々を評価し、すぐれた賢人や哲学者だと認めている（その人たちの思想や行動をすべて評価しているわけではないが）。

さらに、中国にはすぐれた教育システムもあった。そのシステムを通じて、自国に伝わる知恵をできるかぎり国民に広め、その知恵を深く理解した者には名誉と権力を与えることができた。

これほどの偉業を成し遂げた民族が、人類の進歩の秘密を発見していないとは思えない。彼らはその秘密を知り、全人類の最前線に立ちつづけられたはずだ。

だが、そうはならなかった。中国の成長は止まり、数千年を経たいまでも停滞したままだ。もしかしたら、ふたたび成長を遂げる日が来るかもしれないが、その成長は外国人によってもたらされるだろう。

つまり中国は、現在のイギリスの博愛主義者たちが熱心に取り組んでいることを、これ以上ないほどみごとに成功させたということだ。彼らはすべての国民を画一化し、同じ原理とルールによって思想と行動を統制した。その結果、この国は数千年にわたって停滞することになった。

近代ヨーロッパにおける世論は、かつての中国の教育システムや政治システムを

「非組織的」な形にしたものだと言える。世論の束縛に抗って個性を発揮できなければ、ヨーロッパは中国の二の舞になるだろう。高貴な祖先をもっていようが、キリスト教というすばらしい宗教を信仰していようが、行き着く先は停滞なのだ。

自由と多様性が進歩を生む

では、なぜヨーロッパは中国と同じ運命をたどらずにすんだのだろう？　停滞することなく進歩しつづけられた理由はなんなのだろう？

ヨーロッパの人々のなかにすぐれた部分があったからではない。すぐれた部分がないとは言わないが、それは進歩の理由ではなく結果である。本当の理由は、人々の性格と文化がきわめて多様だったからだ。

かつては、個人のあいだにも、階級のあいだにも、民族のあいだにも、極端なほどの違いがあった。誰もが多様な道を進んでいて、どの道も価値のある何かに通じていた。いつの時代も、人は自分と違う道を歩む人に対しては不寛容だったし、全員が自分と同じ道を歩むよう強制できたらいいと考えていたはずだ。しかし、他者の成長をさまたげようとする人はいても、その試みが完全に成功することはほとんどなかった。その結果、消極的にではあるが、それぞれがお互いのよさを受け入れるようになった。

このように、ヨーロッパが着実に進歩を続け、さまざまな成長を遂げてこられたのは、道が多様だったからだと私は考えている。だがいまでは、この強みはだいぶ失われてしまった。ヨーロッパはすでに、「国民全員を画一化する」という、かつての中国の理想に向かって歩き出している。

フランスの思想家アレクシス・ド・トクヴィルは、近著『旧体制と大革命』（邦訳は筑摩書房）のなかで、「現在のフランス人は、一世代前と比べても大幅に画一化されている」と述べている。だが、おそらくこの問題は、イギリス人のほうがずっと深刻だ。

ヴィルヘルム・フォン・フンボルトは、人々が画一化されるのを防ぎ、人類全体を成長させるための条件をふたつ挙げた。その条件とは、本章ですでに書いたとおり「自由であること」と「状況が多様であること」である。

しかし、現在のイギリスでは「状況の多様性」が失われつつある。階級ごと、個人ごとにさまざまな状況が存在し、そのなかで誰もがみずからの性格を形成するのではなく、全員が同じような状況に置かれ、同じような性格を身につけはじめている。これまでは、階級や住む地域や職業が違う人は、いわば違う世界で生きていた。だがいまでは、全員が似通った世界で暮らしている。

以前とは違い、いまや誰もが同じものを読み、同じ考えを聞き、同じものを見て、同じ場所を訪れ、同じ希望や恐怖を抱く。同じ権利と自由をもち、同じ手段を通じてそれらを主張する。階級間、地域間の大きな違いもいくつか残ってはいるが、なくなったものの多さからすると微々たるものだ。

画一化を進行させる５つのこと

人々の画一化は、いまこの瞬間も進行中だ。そして、いくつかの要因がこの動きを後押ししている。

１つ目は、政治の変化。現在の政治には、低いものを高くして、高いものを低くする傾向があるからだ。

2つ目は、教育の普及。教育の目的は、人々を同じ環境に置き、同じ影響を与え、さまざまな事実と感情を集めた倉庫に案内することだからだ。

3つ目は、交通手段の進歩。いままでは、離れた地域に住む人同士が交流したり、ある地域から別の地域に引っ越したりするのが簡単になった。

4つ目は、商工業の発展。いまや人々の生活はかつてないほど楽になり、あらゆる地域の人がその快適さを享受している。その結果、一般の人たちであっても、高い地位を求める競争に参加できるようになった。これまでは一部の階級だけがもっていた「上昇志向」が、すべての階級のものになったのだ。

とはいえ、人々の画一化を後押しする要因としては、この4つよりもはるかに強力なものがある。それは、イギリスをはじめとする自由な国で、**「世論による政治の支配」が確立されたことだ。**

これまでの社会なら、地位の高い人がその気になれば、大衆の意見を無視することもできた。しかし、社会的な格差が小さくなったことで、政治家たちの態度も変わった。大衆がはっきりと意思表明しているときは、それを受け入れるのが当然だと考えられるようになったのだ。

こうして、「多数派にはなんとしても順応しなければならない」という風潮が生まれた。数による支配に抵抗し、ほかの人と異なる意見や嗜好を守ろうという考え方は、もはや社会から葬られたと言ってもいい。

多様性の存在そのものを忘れる前に

こうしたすべての要因が重なった結果、個性を排除しようとする勢力が強い力をもちはじめた。「人々に個性の価値をわかってもらうにはどうしたらいいか」という問題がむずかしいのはこのためだ。

まずは知識層の人々が個性の大切さを認めないかぎり、この問題が解決に向かうことはないだろう。個人間の差異がいいものであることと、たとえ社会が悪い方向に進むような差異だとしても例外ではないことを、彼らに理解してもらう必要がある。

個性の大切さを主張すべきタイミングがあるとすれば、いまがそうだ。強制的に個性を消し去るような仕組みが確立される前に、早く行動を起こそう。個性を破壊しようとする動きに対抗できるのは、動きが本格化する前だけなのだから。

「人々をみな同じにしよう」という願望は、満たされれば満たされるほど肥大化していく。もし、私たちが行動を起こすのが遅くなり、人々の生活がひとつの型にほぼ押しこまれてしまったら、もはや手遅れだ。その型から外れる行為はすべて、不信心で不道徳なものだと判断される。もっとひどい場合は、醜く、悪質で、人間性に反するものだと考えられてもおかしくはない。

そして、多様性がなくなった社会で生きる人々は、やがて多様性という概念すらも忘れてしまうだろう。

第4章

社会の権威が個人に対してできること

個人の意見や行動と社会のルール

自分の意見や行動について、「ここまでは自分の自由にしてもいい」といえる範囲はどこまでだろう。どの段階から、社会が個人に介入できるようになるのだろう。人間の生活のどこまでが個人に属し、どこからが社会に属するのだろう。

生活のある部分が個人と社会のどちらに属するかは、両者との関係性によって決まる。つまり、個人との関係性が強いものごとは個人に属し、社会との関係性が強い部分は社会に属すると考えていい。

社会とは、契約にもとづいて成り立つものではない。「社会契約」というものは、社会的な義務を説明する根拠にはなりえないのだ。とはいえ、社会の保護を受けている人は、その対価を支払う義務がある。この社会で生活することは、他者に対する行動に次のようなルールが生まれることを意味する。

第一のルールは、互いに相手の利益を損なわないこと。法律で明確に定められているかどうかに関係なく、「他者に当然与えられるべき利益」を損なってはならない。

第二のルールは、公平性の原則にもとづき、労働や犠牲を分担すること。社会とその構成員が、危害をこうむったり干渉を受けたりするのを防ぐために、必要な労働や犠牲を全員で分担しなければならない。

全体の幸福度が高まるかが社会の干渉のポイント

社会はこれらのルールを個人に強制できるし、守らない者に罰を与えることもできる。

だが、社会にできるのはそれだけではない。

個人の行動には、他者の権利を侵害するまではいかないとしても、なんらかの害を及ぼすものや、配慮に欠けるものもあるかもしれない。そういう行動をとった人は、法律ではなく世論によって罰せられる。

個人の行動のなかに、他者の利益を傷つける部分が少しでもあれば、社会はその行動に干渉できるようになる。そこで、「社会が個人に関与することで本当に全体の幸福度が向上するのか」という問題が議論のテーマになる。

だが、個人の行動が他者の利益になんの影響も及ぼさない場合や、その行動の影響を受けるかどうかを他者自身（じゅうぶんな判断力を備える成人）が決められる場合は、社会の干渉について議論する必要はない。そういう行動をとり、その責任を自分で引き受ける自由は、法律でも世論でも認められるべきだ。

社会と個人の美徳を高めるのが教育の役割

以上の考え方を、他者に関心がないとか自己中心的だとか言うのは間違っている。私は、他者の生活や行動に関心をもつべきでないとは思っていない。自分の利益に関係ないなら、他人がいいことをしようが悪いことをしようが、幸せになろうが不幸になろうが知ったことではない、などと主張する気もない。

むしろ、人は他者の幸せのために、利己心のない努力をもっと重ねるべきだというのが私の考えだ。利己心のない善意があれば、強引な手段を使わなくても、幸福のために努力するよう人々を説得できる。

私は個人のための「美徳」を軽視してはいない。そのような美徳は、社会のための美徳の次に重要なものだ。そして、このふたつの美徳を同じように伸ばすことが教育の役割なのだ。

教育も、何かを強制するだけではうまくいかない。生徒を説得し、納得させて初めて大きな成果を上げられる。また、すでに教育を受ける時期を過ぎた人に美徳を教えるには、説得し、納得させる以外の方法はない。

他者の協力なしに良し悪しは見分けられない

いいものと悪いものを見分けるには、他者と助け合わなければならない。いいものを選び、悪いものを避けるには、他者の協力がなければならない。それぞれの能力を活かし、正しい方向に進むための目的や計画をもち、堕落ではなく成長のために歩いていけるように、たえず互いに刺激し合わなければならない。

しかし、すでに成人を迎えた人に向かって、「あなたのような生き方は、ほかの人の利益にはつながらない。だからそんな生き方はやめるべきだ」と言うことはできない。どんな個人も、どんな集団も、そんなことを言う権利はもっていないのだ。

個人の幸福にいちばん関心があるのは、その人自身である。ほかの人は、その人に対して強い愛情をもつ場合は例外としても、そこまで大きな関心はもっていない。では、社会が個人に対してもつ関心はどうだろう？　その人の行動が他者になんらかの影響を及ぼす場合を除くと、社会の関心は非常に小さい。しかも、きわめて間接的だ。

たとえ間違えても自分で判断を下す

自分の気持ちや状況を理解することに関しては、その人自身にかなうものはいない。ふつうの人なら誰でも、他者とは比べものにならないほど豊富な手段を駆使して自分自身を理解している。

生活のうち、その人だけに関係がある部分に社会が干渉し、本人の判断や意図を変えさせようとしたらどうなるか。その場合、社会は一般的なケースを想定しながら干渉せざるをえない。だが、その想定が間違っている可能性もあるし、たとえ正しかったとしても、その人の個人的な事情をじゅうぶんに理解していないなら、間違った干渉になってしまうかもしれない。そのため、生活における個人的な部分は、その人の「個性」が自由に発揮されるべき領域だと考えよう。

一方、他者にも関係がある部分については、人々は互いに相手の行動を予測できなければならない。そのため、一般的なルールが存在し、ある程度まで守られることが必要になる。しかし、個人だけに関係がある部分では、誰もが自発性を発揮し、自由にふるまう権利をもっている。

他者のアドバイスを参考にしたり、他者からの応援を受けて自分の考えを固めたりすることもあるだろう。また、そうした言葉のなかには、押しつけがましいものもあるかもしれない。だが、最終的には自分で判断を下すことができる。

他者の言葉を無視した結果、間違いを犯すこともあるだろう。だが間違うことよりも、他者から何かを強制されることのほうがずっと有害だ。

理想的な人間と下劣で堕落した人間

私は、「ある人の個人的な長所や短所をその人の評価の材料にしてはならない」と言っているわけではない。そんな決まりを守るのは不可能だし、けっして好ましいことでもない。

ある人が、自分のためのすぐれた資質を備えている場合、その人は賞賛されるのが当然だ。なぜなら、その人は「理想的な人間の姿」に近いと言えるからだ。反対に、自分のための資質をじゅうぶんに備えていない人は、悪い評価を受けることになる。

その人は、言ってしまえば愚か者であり、（いい言葉ではないが）下劣で堕落した人間にほかならないからだ。もちろん、そういう人になら危害を加えてもいいというわけではない。しかし、ある程度の資質を備えたふつうの人からすると、そういう人は嫌悪や軽蔑の対象にならざるをえない。

個人的な欠点がある人は「罰」を受けることがある

世の中には、他者に危害こそ加えないものの、ばかげているとか、くだらないとか思われる行動をとる人がいる。そんなふうに思われるのを喜ぶ人はまずいないので、「そういうことをしていると、人から悪い評価を受けてしまうよ」と警告してあげるのは本人のためになる。しかし現在の社会では、そういう親切心はむしろ失礼なものだと見なされる。また、他者の行動や考え方に間違いだと思われる点があったときも、それを指摘するのは無礼だとか傲慢だとか思われやすい。こういうことがもっと自由にできるようになればいいと、個人的には思っている。

誰かが他者について「あの人は性格がよくない」と言ったとき、私たちはその意見にもとづいて自由に行動することができる。ただし、ここでいう自由とは、他者の個性を抑圧する自由ではなく、自分の個性を発揮する自由を指す。

たとえば、その「性格がよくない人」と無理に付き合う必要はないし、向こうから近づいてきたときは避けてもいい（ただし、その人を避けていることを誇示するのは間違っている）。要するに、私たちは付き合う相手を選ぶ権利をもっているのだ。

また、ある人の行動や発言が人々に悪い影響を及ぼすと考えられる場合、周囲の人に警告してもいい。これは権利であると同時に、義務にもなりうる。さらに、私たちは他者に親切にする必要があるが、親切を施す優先順位は自分で決められる。悪い影響を及ぼしそうな人とそうでない人がいるなら、後者を優先してもいい。もっとも、前者に親切を施すことで、その人が及ぼす悪影響を軽減できると思われるなら話は別だが。

このように、個人的な欠点がある人は、他者からなんらかの「罰」を与えられることがある。そうした罰は意図的に生み出されたものではない。その人の欠点が生み出したもの、言うなれば当然の報いだ。

覚えておいてほしい。軽率な人、強情な人、うぬぼれの強い人、節度のない人、自制できない人、知性や感性よりも動物的な快楽を満たそうとする人は、他者からの評価が低くなるし、好意をもたれることもほとんどなくなる。しかも、そうなったときに文句を言う資格すら与えられない。唯一の例外は、社会的にすぐれた活動をしている人だ。そういう人は、たとえ個人的な欠点を抱えていたとしても、人々から好意をもたれ、親切にされるものだ。

他者の利益を損なう行動は処罰や制裁の対象

要するに、私が言いたいのはこういうことになる。自分の行動や性格のうち、自分の幸福にのみ影響を及ぼす部分から生じる唯一の問題は、他者から悪い評判を立てられることだ。そして、そういう評判はなかなか拭い去ることができない。

一方、他者の利益を損なうような行動の場合、話が変わってくる。

他者の権利を侵害すること、「自分の権利」を超えた行動によって他者に損失や損害を与えること、他者に対して嘘や欺瞞《ぎまん》を用いること、さらには他者を助けられる状況で、利己的な理由から行動を起こさないことまでもが、「道徳に反する行為」として非難される。あまりに悪質な場合は、社会による処罰や制裁の対象になる。

非道徳的な行動だけでなく、そのような行動を起こさせる人間性も非道徳的なものなので、非難されるのが当然だ。ときには、そういう人は激しい憎悪の対象にもなる。

残忍さ、邪悪さ、嫉妬心（これはあらゆる感情のなかで最もひどいものだ）、偽善と不誠実、過剰な怒りと憎しみ、他者に対する支配欲、強欲さ、他者をおとしめて満足する高慢さ、すべてを自分本位に考え、自分に都合よく解釈する利己主義……これらはすべて悪徳であり、社会的に嫌悪される。

ただし、こうした性格は、先ほど述べた「個人的な欠点」とはまったく違う。個人的な欠点は、そもそも道徳に反するようなものではない。かなり極端な欠点だとしても、邪悪とは言えない。その人が愚かなことや、気高さや自尊心が欠けていることを示すものではあるが、道徳的な観点から非難されるべきではない。こうした欠点が非難されるのは、「他者のために自分の行いに注意する必要がある状況で、必要な注意を払わなかったとき」だけだ。言い換えれば、「他者に対する義務」を果たさなかったときである。

自分に対する義務は、それが他者に対する義務と重なる状況でないかぎり、社会的な義務にはならない。「自分に対する義務」という言葉は、思慮分別をもつことに加え、自分を尊重することや、自己成長のために努力することを意味する。これについては、他者に対して責任を負うことはない。そういうことに関する責任を個人に負わせても、人類の利益にはならないからだ。

行動が不快なだけの人は放っておく

思慮が足りない人や気高さが欠けている人は、他者から尊敬されない。一方、他者の権利を侵害した人は非難の対象になる。「尊敬されないこと」と「非難されること」は、言葉にすると同じようなものに思えるが、実際は大きな違いがある。同じように不快なことをされたとしても、その人のふるまいを止める権限が自分にある場合とない場合では、私たちの感情や行動は大きく変わってくるのだ。

まず、ある人の行動が不快なだけだとしよう。その場合、私たちは不快だという気持ちを表明したり、不快な人やものごとから距離を置いたりできる。しかし、その人に制裁を与えるべきだと考えるのは間違いだ。その人はすでに自分のあやまちの罰を受けているか、これから受けることになると考えよう。

また、その人がなんらかの失敗を犯し、そのせいで苦労している場合、さらに追い討ちをかけようなどと考えてはならない。私たちがすべきことは、その人に罰を与えることではない。その人が自分の行動のせいでどんな損害をこうむっているか、そしてそれを避けるために何ができるかを教え、少しでも罰を軽くすることだ。

その人は、哀れみや嫌悪の対象にはなるかもしれないが、怒りや憎しみの対象にはならない。その人を「社会の敵」として扱うことは間違っている。その人に興味をもちなさいとか、心配してあげなさいと言うつもりはないが、私たちに許されるのは、その人と付き合うのをやめて好きなようにさせておくことまでだ。

人や集団を危害から守るルールを破れば犯罪

しかし、個人や集団を危害から守るためのルールをその人が破ったとなると、話は変わってくる。なぜならその場合、その人の行動によって悪い影響を受けるのは本人ではなく他者だからだ。社会には「そこに属するすべての人を保護する」という責任があるので、その人に制裁を加える必要が生じる。社会は「罰を与える」という明確な意図をもって、その人に苦痛を与えなければならない。また、その苦痛が「そのケースにふさわしいだけの厳しさ」を備えたものになるよう留意することも重要だ。

そのようなケースでは、その人は犯罪者として法廷に立たされる。私たちはその人に判決を下し、なんらかの刑罰を与える役割を果たすことになる。

個人的な欠点なら、社会がその人に苦痛を与えることはない。ただし、ほかの人が自分なりの自由を行使したときに、その人の自由と衝突する可能性はある。そのときに苦痛が与えられる可能性はあると覚えておこう。

本人にしか関係ない部分と他者にも関係がある部分

ここまで、人の生活は「本人にしか関係ない部分」と「他者にも関係がある部分」に分けられると書いてきた。しかし、こうした区別を認めない人も多いだろう。そういう人たちは、「社会のメンバーの行動のなかに、ほかのメンバーにまったく関係ないものなどない」と主張する。

区別を認めない人たちの考え方は次のとおりだ。

完全に孤立して生きている人はいない。たとえば、ある人の行動によって、その人自身が大きな被害や取り返しのつかない被害を受けたとしよう。その場合、その人の家族はもちろん、場合によってはもっと広い範囲にも影響が及ぶかもしれない。

誰かが自分の財産を失ったとしよう。すると、直接的であれ間接的であれ、その財産に頼って生活している人が影響を受ける。社会全体の財産もそのぶん減少する。

誰かが自分の能力を失ったとしよう。すると、それが肉体的なものか精神的なものかにかかわらず、その能力に助けられて生きている人も影響を受ける。さらに、その人は社会における義務を果たせなくなり、他者の好意に甘えるだけの存在になる。あまりに度が過ぎる場合、その人は犯罪者に劣らないほど社会全体の利益を傷つけることになる。

誰かの性格や行動が愚かだとしよう。もしかしたら、その人は他者に直接の危害を加えていないかもしれない。だが、「悪い見本」を示すという意味では、社会にとっての害悪にほかならない。

ほかの人がその行動をまねしないよう、愚かな人には発言や行動を控えさせるべきだ。

あるいは、こう主張する人もいるかもしれない。

不道徳な言動、愚かな言動によって被害を受けるのが本人だけだとしても、自分を律する能力がない人を自由にさせておくのは間違っているのではないか。子どもや未成年の若者の場合、本人の意思を無視してでも社会で保護しなければならない。それなら、自分を律することができない大人も、同じように社会が保護するのが筋ではないか。

賭博、飲酒、性的放縦、怠惰、不潔といったものは、法律で禁じられている数々の行為と同様、社会に害をもたらして進歩をさまたげる危険がある。そう考えると、可能な範囲で抑制すべきだ。

もちろん、何から何まで抑えつけるのは現実的ではないし、社会のためにもならない。だが、なんらかの法律で取り締まらなければならないだろう。

法律は完全なものではないので、不完全さを補うためには世論の力が必要だ。社会は、世論にもとづいた仕組みをつくり、悪徳にとりつかれた人に厳しい制裁を加えるべきだ。

こうした仕組みが実現したからといって、個性が抑圧されたり、生活における独創性が消え去ったりはしないだろう。この仕組みの目的は、世界が始まってからずっと「人間にとって不要なもの」だと非難されてきたものを抑制することだ。道徳や思想における真理は、長い年月を重ね、膨大な知見が集まって初めて確立できる。現在の私たちにできるのは、過去の人々を破滅させてきた悪徳が、次の世代に引き継がれるのを阻止することだけだ。

この主張については、私もある程度は同意したい。

損害を与える行動は自由の領域には含まれない

ある行動が本人にしか害が及ばないとしても、周囲の人に気を遣わせたり、間接的な危害を与えたりする場合はある。社会全体としても、多かれ少なかれ影響を受けるかもしれない。

自分にしか害を及ぼさない行動でも、他者に対する義務が果たされていない場合、その行動は個人的な問題ではなく道徳的な問題になる。つまり「社会道徳に反するとして非難されるべきもの」になるということだ。

たとえば、酒の飲みすぎや散財のせいで借金を返せなくなったとか、生活費や子どもの学費を払えなくなったとしたら、その人は非難されて当然だ。場合によっては処罰の対象にすべきかもしれない。

しかし、その人は飲酒や散財のせいで非難されるわけではない。金の貸し主や家族に対する義務を果たさなかったから非難されるのだ。もしその人が、借りた金や家族のための金を投資にまわしていたとしても、道徳に反する行動であることに変わりはない。

戯曲『ロンドンの商人』の主人公ジョージ・バーンウェルは、愛人に使う金を手に入れるためにおじを殺し、絞首刑に処される。だが、彼の犯行動機が「事業資金を手にするため」だったとしても、やはり同じように罰せられたはずだ。

悪い習慣に夢中になった人が家族を悲しませる、というのはよくある話だが、その場合も悪いのは悪習そのものではなく、家族への恩を忘れたことである。夢中になった習慣が悪いものではなかったとしても、家族や恩人を悲しませたのであれば非難されてしかるべきだ。

　他者の利益と感情への配慮を怠った人は、やむをえない緊急の事情があったとか、許される範囲で自分の事情を優先したとかいう場合は例外としても、道徳的な観点から非難される。だが、配慮を怠った理由や、配慮を怠るきっかけになった個人的な間違いは非難の対象にはならない。

　また、個人的な行動のせいで社会的な義務を果たせなくなることは、社会に対する罪だと言える。酔っぱらうことは罪ではないが、兵士や警官が勤務中に酔っぱらえば処罰の対象になるということだ。

　要するに、他者と社会に明らかな損害を与える行動、あるいは損害を与えてもおかしくない行動は自由の領域には含まれない。そうした行動が属するのは、道徳や法の領域だ。

「みなし損害」は自由のために許容されるべき

　では、ある人が社会に対する義務を怠らず、他者に明らかな損害を与えることなく、自分の意思で行動したとしよう。その行動によって、社会に対してなんらかのデメリットが生じる可能性があるとしたら、どうすればいいだろう？

このような「みなし損害」は、人間の自由というもっと大きな利益のために許容されるべきだ。

「自分の行動に対して注意が足りていなかった」という理由で成人を罰する必要があるなら、その罰はあくまでも「本人のため」に与えられるのが望ましい。「不注意な性格を放っておくと、社会貢献能力が低下する可能性があるから」などという口実で罰を与えるのは正しいことではない。なぜなら社会は、個人に社会貢献を強要する権利などもっていないからだ。

教育は「社会」の役割

だが社会の役割は、能力の足りない人を放置し、その人が間違いを犯したときに法律か世論によって罰を与えることではない。社会には「教育」という手段が与えられている。

社会の一員として生まれた人は、成人するまでは社会に全面的に従わなければならない。一方で社会は、その人が大人になるまでの期間を使って、合理的な行動を教えこむためにさまざまなことを試みていい。

新しい世代を教育するのは大人たちの役割だ。もちろん、すべての若者を善良で賢い人間に育てることはできない。そもそも、大人たち自身の善良さや賢さが足りていないし、最善の方法をとったとしても、全員が同じように知識を身につけるとは限らないからだ。それでも大人たちには、自分たちと同じ水準、あるいは自分たちより少し高い水準まで若者を育てる能力がある。

成人のほとんどが子どもと同じ程度の能力しかもたず、先のことまで考えて合理的に行動できないなら、社会がその責任を負わなければならない。

社会は教育のすべてを支配しているし、主流の意見に権威をもたせ、判断力が足りない人を思いどおりに動かすこともできる。人と違うことをすれば、周囲からの嫌悪や軽蔑という罰が与えられるので、誰もが社会に合わせて行動する。

こうした武器に加えて、人々の個人的な問題にまで踏みこみ、命令し、服従を強制する権限まで社会に与えるのは間違っている。個人の問題を判断するのは、その結果を引き受ける本人であるべきだ。どう考えてもそれが正しいし、合理的だろう。

また、個人の行動に影響を与えたいなら、悪質な手段を用いてはならない。そういう手段を一度でも用いれば、正しい手段に対する信用まで失われてしまう。

思慮分別や自制心を身につけることを強制された場合、独立心をもつ人はその圧力に抵抗するものだ。そういう人は、他者に被害が及ぶのを防ぐための強制は認めても、個人的なことに関する強制はけっして認めない。そして、不当な圧力が行使されたときは、あえて反抗的な行動をとり、気概と勇気をアピールするようになる。清教徒革命のあとの時期がいい例だ。道徳に関してあまりに不寛容な時代が終わり、チャールズ2世が王位に就いたあとの世の中では、道徳に反する行為が流行した。

邪悪な人や倫理観の欠けた人が社会に害悪をもたらすのは確かだ。害悪をもたらしても罰せられないとしたら、世の中は大変なことになるだろう。しかし、いま論じているのは、「他者にはなんの害も与えず、本人だけに重大な害を及ぼす行動」である。それすらも認めない人に、こう問いたい。「そのような行動は、全体として見れば社会の利益になるのではないか」と。個人にしか害を与えない行動を認めれば、その行動をとった人がどういう目に遭うかがはっきりと示される。「こんなことをしたら社会での立場を失う」と、誰もが嫌でも理解するということだ。

個人的行動に社会が干渉すべきでない最大の理由

だが、個人的な行動に社会が干渉すべきでない理由としては、もっと重要なものがある。それは「社会の干渉は、間違った方法で、間違った部分に対して行われることが多い」という理由だ。

社会的な道徳に関する問題、つまり他者への義務がかかわる問題の場合は、多数派の意見が正しいことのほうが多い。なぜなら、そういう問題では、「他者の行為が自分にどんな利害をもたらすか」を考えるだけでいいからだ。

だが、個人にしか影響しない問題となるとそうはいかない。多数派の意見を少数派に強制するのが正しいこともあるが、間違っていることも同じくらいある。なぜなら、その場合の多数派の意見というのは、「ある人の利害について、他人が勝手に考えたこと」にすぎないからだ。もっとひどい場合は、その人の利害について考えもせず、ただ自分の主観を押しつけただけ、ということもある。

自分にとっての「嫌な言動」を目にした人は、本人の利害など考えず、自分の主観から非難の言葉を浴びせがちだ。自分にとって嫌な言動は、自分に対して危害を加える行為であり、感情を傷つけるものだと思ってしまうのだ。

たとえば、こんな話がある。ある宗教の熱心な信者が、「あなたはほかの宗教の信者に対する配慮が足りない」と非難された。すると、その信者はこう反論した。「ほかの宗教の連中こそ、不快な礼拝や信条に固執して、私の感情を傷つけているではないか」

ここで重要なのは、「自分の意見に対して自分が抱く感情」と「自分がある意見をもつことを嫌がる他者の感情」はまったく別物だということだ。たとえるなら、「人の財布を盗もうと思う泥棒の気持ち」と「自分の財布を盗まれたくないと思う持ち主の気持ち」ぐらい違う。そして人の好き嫌いとは、意見や財布と同じで、本人だけに利害をもたらすものだ。

「間違っている」ことを判断することは可能か

理想的な社会をイメージするのは簡単だ。そこでは、善悪があいまいなものごとは個人が自由に選ぶことができ、社会の干渉を受けない。さまざまな事例を通じて「間違い」だと判断された行動だけを控えればいい。
だが、個人への干渉に制限を設けた社会がこれまでにあっただろうか。また、おびただしい数の事実を検証し、何が「間違っている」かを判断することが本当に可能なのか。

社会の多数派はたいてい、「自分たちと異なる言動は許されない」という考えだけに従って個人に干渉する。さらに、道徳家や思想家のほとんどが、この判断規準をそのまま宗教や哲学の教えとして示している。彼らの論理は、「あるものごとが正しいのは、それが正しいからだ。そして、私たちが正しいと感じることは正しいのだ」というものだ。

また彼らは、「自分の心と頭のなかをじっくり探れば、自分を含むすべての人が守るべき行動のルールが見つかる」とも教えている。そうなると、一般の人々は言われたとおりにしてしまう。自分のなかにある善悪の感情が多くの人と同じものなら、それをすべての人の義務にするのが当然だと考えはじめるのだ。

多数派が好みを道徳的な規範にしている例

以上は、単なる理論上の問題ではない。そのことをわかってもらうために、具体例を示そうと思う。現代のイギリスで、多数派の人々が自分たちの好みを道徳的な規範にしている例を、これから取りあげていきたい。

しかし、本書は「現在の道徳感情がどれほど脱線しているか」をテーマに書いたものではない。そのような重大な問題を余談として扱ったり、具体例として挙げるだけにとどめたりするのは正しいことではないだろう。

と言っても、私の主張が机上の空論ではなく、現実的な害悪を防ぐうえで重要なものだとわかってもらうには、やはり具体例が必要になる。「社会による取り締まり」の範囲が拡大され、本来はまったく問題ないはずの個人の自由まで侵害されることは、人間社会における普遍的な問題だ。そのことを示す例はいくらでもある。

第一の例「宗教観の違いが生み出す反感」

まず、第一の例として、「宗教観の違いが生み出す反感」について考えたい。人は、自分と異なる宗教を信仰する人だけでなく、自分たちの戒律、とくに「禁忌」を守らない人に対しても反感を抱く傾向がある。

たとえば、キリスト教徒の考え方と行動のなかで、最もイスラム教徒の反感を買うのは「豚肉を食べること」だ。豚肉を食べて食欲を満たすことを、イスラム教徒は心から嫌悪する。キリスト教徒やヨーロッパ人が、特定の行為に対してこれほどの嫌悪感を示すことはめったにないだろう。

イスラム教徒のこうした感情は、「豚肉を食べてはならない」というイスラム教の教えに由来する。だがそれだけでは、これほど強い嫌悪感が生まれる理由にはならない。なぜなら、イスラム教徒は酒を飲むことも禁じられているが、飲酒に対してはそこまでの嫌悪感は示さないからだ。

彼らが「穢《けが》れた動物」の肉に対して抱く感情は、飲酒に対するそれとは違い、本能的なものだと言える。どうやら、何かが「穢れている」という考えが感情にまで入りこむと、潔癖な人でなくても、その何かを本能的に嫌いはじめるようだ。ヒンドゥー教徒が「不浄」なものに向ける強烈な感情も、わかりやすい一例だ。

ここで、イスラム教徒が過半数を占める国を想定してほしい。その国で、多数派であるイスラム教徒が「国内で豚肉を食べるのを禁止する」と主張したらどうなるだろう？　このような決まりができるのは、イスラム教国ではめずらしいことではない。ではこの場合、世論はその権威を正当に行使したと言えるのか。正当ではないとしたら、その理由はなんなのか。

イスラム教徒からすると、豚肉を食べるのは不快きわまりない行為だ。さらに、神が嫌悪し、禁じたことだと彼らは信じている。豚肉を食べるのを禁じたからといって、それを「宗教的な迫害」だと非難することはできないだろう。宗教にもとづく主張ではあるものの、ほかの宗教を抑圧するものではないからだ（豚肉を食べることが義務づけられている宗教があれば話は別だが）。

この主張を「不当」だと言いたいなら、根拠になりうるのはひとつだけだ。つまり「個人的な好み、あるいは個人にしか関係ない事柄に関して、社会は干渉してはならない」という根拠がなければならないのだ。

もう少し、私たちにとって身近な例を挙げよう。

スペインでは一般的に、カトリック教会の形式に則《のっと》らずに神に祈ることは、神に対する最大の冒涜だと考えられている。実際、スペインの法律は、公の場ではカトリックの礼拝形式を守ることを義務づけている。

また、南ヨーロッパのどの国でも、聖職者が結婚することは嫌悪の対象になる。宗教に反する行為と見なされるだけにとどまらず、みだらで、下品で、低俗で、不快なことだと考えられているのだ。

カトリック教徒のこうした考え方や、彼らが非カトリック教徒にまで同じことを求めている現状について、プロテスタントはどう思っているのだろう？

もし、「他者の利益に関係ない行為だとしても、人は互いに干渉する権利をもつ」というなら、カトリック教徒のやり方も認められるべきだ。彼らはただ、神にとっても人間にとっても不埒だと思える行動を禁じようとしているだけなのだから。本気でそう信じている人を、いったい誰が非難できるというのか。

個人的な行為を禁じたいなら、「それは神に対する冒涜だ」と主張する以上の方法はない。宗教的な迫害者は、まさにその論理を使う。「自分たちは正しい、だからほかの宗教を迫害してもいい。ほかの宗教は間違っている、だから自分たちを迫害する権利などない」というように。しかし、この論理を用いるつもりがないなら、他者の行動を安易に禁じてはならない。自分が突きつけられたときに「不当だ」と思うようなルールは、ぜったいに認めてはならないのだ。

道徳的・宗教的な観点からの娯楽の弾圧

以上のことは、イギリスでは見られないケースだと思う人もいるかもしれない。たしかに、イギリスで肉を食べることが禁じられたり、自分の信条や流儀に従って礼拝したせいで罰せられたり、結婚したせいで周囲から非難されたりする可能性は低いだろう。

だが次に挙げるのは、イギリスでかつて起きた例であり、いつかまた起きてもおかしくはない例だ。

ニューイングランドや清教徒革命の時期のイギリスのように、清教徒がかなりの力をもっていた場所では、娯楽を廃止する動きが起こった。すべての大衆的な娯楽と、ほとんどの個人的な娯楽が対象になり、片っ端から禁じられていった。とくに厳しい弾圧を受けたのは、音楽、ダンス、スポーツ、演劇のように大勢の人が集まるものだった。

現在のイギリスにも、道徳的、宗教的な観点から、こうした娯楽を非難する人が数多くいる。その大半は中産階級に属する人たちだ。いまの社会と政治のもとで、中産階級の力は日に日に大きくなっているので、その人たちが議会で多数派を占める可能性もゼロではない。

仮に、そういう人たちが政治を動かすようになったとしよう。厳格なカルヴァン派とメソジストの宗教観と道徳観によって、自由であるはずの娯楽が禁止されたとき、娯楽が好きな人々はどう思うだろう。宗教観を押しつけてくる一部の人に対して、「そんなことまで干渉するな」と反発したくなるはずだ。

まさに、その言葉が重要だ。政府や社会が、人々の楽しみを「間違ったもの」だと決めつけて禁止しようとしたら、その言葉によって反発しなければならない。

しかし、政府や社会のこうした主張が適切だと認められてしまったら、多数派の人々や支配的な勢力が一方的な決定を下しても、筋の通った反論はできなくなる。

衰退している宗教がふたたび力をもつことはめずらしくないが、もしそのような社会で、ニューイングランドの初期の入植者たちの信仰が復活したとしたらどうなるだろう？　私たちは、その人たちが理想としていたキリスト教社会の考え方に従わなければならなくなる。

第二の例「労働者は同賃金を得るべきという圧力」

もうひとつ、もっとありえそうな例を示しておこう。

現在の世界には、政治体制が民主的かどうかに関係なく、社会構造を民主的なものにしようとする強い動きが存在する。この動きが最も進んでいる国はアメリカだ。アメリカでは、社会と政府の両方がかなりの民主化を遂げている。この国における大衆は、自分たちではまねできないような派手な暮らし、贅沢な暮らしをしている人を見ると不快感をあらわにする。その感情があるおかげで、アメリカ人は過度な贅沢を控えるようになったといわれている。また多くの地域で、富裕層は大衆に非難されないように資産を使うことに苦労しているという話もある。

これらの話が、かなり誇張されたものなのは間違いない。しかし、「社会には個人の資産の使い方に口を出す権利がある」という考え方と、大衆の民主主義的な感情が合わされば、こういう状況が生まれてもおかしくはない。というか、そうなる可能性は非常に高い。

さらに、社会主義の考え方が広まる可能性も無視してはならない。そうなったら、わずかな財産をもっている人や、肉体労働以外で収入を得た人にまで非難の目が向けられるかもしれない。

現在、これと似たような考え方が労働者階級のあいだで広まっていて、その階級に属する労働者たち自身の重荷になっている。

産業の多くの部門で多数派を占めるのは、能力の低い労働者たちだ。しかし現在は、「能力の高さに関係なく、すべての労働者が同じ賃金を受け取るべきだ」という考え方が一般的になりつつある。出来高払いのように、能力がある人や真面目な人がほかの労働者より高い賃金を受け取るシステムを認めない人が多いのだ。

こうした労働者は、優秀な人が高い給料を受け取ったり、雇い主が特定の人に高い給料を払ったりするのを阻止するために圧力をかける。用いられるのはおもに精神的な圧力だが、暴力がふるわれることもある。

もし、「社会は個人の問題に干渉できる」と認めた場合、労働者たちのこうした圧力も認めなければならない。社会がその一員の個人的な行動に干渉できるなら、「労働者階級全体」という社会が特定の労働者の行動に干渉したからといって、誰も非難できないはずだ。

さて、これ以上例を挙げても意味はない。実際問題として、個人の生活の自由に対する不当な干渉はいたるところで行われている。しかも、そのような干渉は、今後いっそう極端なものになっていくだろう。

社会は、悪だと見なすものをすべて禁止する無制限の権利をもつ。しかも多くの人は、悪を根絶するためなら、悪だと見なされていないものも無制限に禁じていいと考えている。

お酒の販売を禁止する禁酒法

イギリスの植民地のひとつと、アメリカの州の半分近くでは、「飲酒の害を防ぐため」という名目で、医療以外の目的でのアルコール飲料の使用が禁止されている。法律の条文には「販売の禁止」と書かれているが、これは事実上、使用を禁止するためにつくられたものだ。

この法律は、制定されたメイン州にちなんで「メイン法」と呼ばれるが、実施するのが困難だったため、メイン州を含む多くの州で撤廃された。そうした出来事があったにもかかわらず、イギリスでも同じような法律を制定しようという運動が始まった。現在も、自称博愛主義者たちが熱心にこの運動に取り組んでいる。

その結果、禁酒法制定のための「連合」と称する団体が結成された。この連合の幹事と、政治家のスタンリー卿とのあいだでやりとりされた書簡が公開されたことで、連合の悪名は広く知られることとなった。

スタンリー卿の信念は、「政治家の意見は原理原則にもとづくものでなければならない」というものだ。彼のように考えられる立派な政治家は、イギリスにはめったにいない。公の場でさまざまな資質を発揮し、自分の希少価値を示してきた彼だが、公開書簡においても期待を裏切らないみごとな論理を展開した。

一方、連合の代表者である幹事は、「解釈をねじ曲げれば、偏見や迫害を正当化できるような原理が認められることを心から残念に思う」と述べ、そうした原理と連合の原理のあいだには「越えられないほど大きな障壁」があると指摘した。また、「思想、意見、良心にかかわることはすべて、法律の領域の外側にあると私は考える。反対に、社会的な行為、習慣、人間関係にかかわることはすべて、個人ではなく国家に与えられた裁量に従うべきものであり、したがって法律の領域の内側にある」と論じた。

その書簡では、ふたつの分野のどちらでもない第三の分野である「個人的な行為と習慣」についての言及はない。しかし、飲酒という行為が属するのは、まさにこの第三の分野だ。

アルコール飲料の販売は商業であり、商業は社会的な行為である。だが、禁酒法の問題は、販売者の自由を侵害することではない。消費者の自由を侵害することだ。酒が手に入らないような状況をつくることは、飲酒を禁止するのと変わらないからだ。

ところが、連合の幹事はこう主張した。「私は一市民として、他者の社会的行為のために自分の社会的権利が侵害されたときには、法律によってそれを抑制する権利を主張する」

社会的権利の侵害という恐ろしい概念

彼は「社会的権利」を次のように定義した。

「私の社会的権利を侵害するものがあるとすれば、酒の販売がまさにそれにあたる。酒はいつでも社会に混乱をもたらし、その混乱を助長する。それによって、私の最も重要な権利である〝安全〟を損なっている。酒の販売は、利益を得るために貧困層を生み出し、その貧困層を支援するために税金を支払う必要を生じさせる。それによって、私の〝平等〟という権利を損なっている。酒のせいで、私はどこに行っても危険に取り囲まれる。また、酒は社会を弱らせて堕落させるので、他者と支援し合ったり、交流したりするのがむずかしくなる。つまり、私の〝道徳と知性を自由に成長させる権利〟までもが損なわれている」

「社会的権利」というものが、これほど大胆な言葉で定義されたのは初めてだろう。幹事の主張は、要するにこういうことだ。

「すべての個人は社会的権利をもっている。それは、自分が義務だと思うことをあらゆる面で完璧に果たすよう、自分以外の全員に要求する権利である」

そして、この義務を少しでも怠った人にはこう言うのだ。

「あなたは私の社会的権利を侵害している。だから、そのような行為をなくすために、法律を制定する権利が私にはある」

このような常識外れの原則は、自由への干渉そのものよりはるかに危険だ。この原則に従えば、自由を侵害する行為はすべて正当化される。もはや、人はどんな自由も主張できなくなってしまう。唯一の例外は、心のなかで意見をもつ自由ぐらいだろう。しかし、その意見を誰かに話すことは許されない。もし、私にとって有害な意見を誰かが口にすれば、その行為は、私の〝社会的権利〟のすべてを侵害することだと言えるからだ。

連合の幹事の考え方に従えば、人は他者に対して、完璧な道徳心、完璧な知性、さらには完璧な肉体まで求める権利があることになる。そのうえ、何をもって「完璧」とするかは、要求する側の基準にもとづいて決められるのだ。

安息日に関する法律は自由を侵害している

個人の「正当な権利」に対する「不当な干渉」として、もうひとつ重要な例がある。「いつか危険をもたらすかもしれない」という類のものではなく、すでに私たちの社会に存在し、長きにわたって自由を侵害してきたものだ。すなわち、安息日に関する法律である。

ユダヤ教徒は、よほどの緊急事態でないかぎり、週に一度は日常的な仕事を休まなければならない。ユダヤ教徒ではない人々にとっても、この習慣は有意義なものになるだろう。

だが、この義務が守られるためには、労働者階級全体がこの習慣に合意していなければならない。なぜなら、誰かひとりが働いたら、ほかの人たちにも働く義務が生じるからだ。法律を制定し、ほとんどの産業に休日を設けることを義務づければ、労働者たちは「その日は全員が休みをとる」と信じられるようになる。その観点から考えると、安息日を義務づけるのは正当なことだ。

しかし、全員がこの習慣を守ることがほかの労働者の利益につながらない場合、その正当性は失われる。つまり「暇な時間を使って仕事をしよう」と決めて働いている人を強制的に休ませるのは間違っているのだ。

また、安息日のせいで誰かの楽しみが失われることも許されない。実際、娯楽とは誰かの労働のおかげで生まれるものだ。多くの人の娯楽のために少数の人が働くことには価値がある。その娯楽が、人々の英気を養うものだとしたらなおさらだ。ただし、その少数の労働者には、仕事を「選ぶ」自由と「やめる」自由が与えられていなければならない。

労働者は、「誰もが日曜日も働くようになれば、6日分の給料で7日間働かされることになる」と考えるかもしれない。たしかに、その考えは正しい。しかし、日曜日に他者の娯楽のために働く人は、それに見合った給料をもらえるはずだ。お金よりも休みが欲しいなら、違う仕事を選べばいい。別に私たちは、特定の職業に就く義務など負っていない。あるいは、日曜日に働かなければならない人に別の配慮をすべきだというなら、日曜日の代わりにほかの曜日を安息日にすればいいのだ。

日曜日の娯楽を禁じる唯一の方法は、宗教によって禁止することだ。しかし、宗教をそんなふうに用いるのは許されない行為であり、私たちは断固として反対しなければならない。ローマの皇帝ティベリウスが言ったように、「神に逆らった者は神によって裁かれる」べきだ。社会やその代表者が「それは人間にとって有害ではないが、神に背く行為だ」などと言って、その行為を神に代わって裁くことができるのだろうか。いまのところ、そういう行為を正当化できる根拠は存在しない。「人は他者に宗教心をもたせる義務がある」という考えは、人類のあらゆる宗教的迫害の基礎になっている。その考えを認めるのは、すべての迫害を認めるのと同じことだ。

鉄道が日曜日に運行するのをやめさせようとする活動家も、日曜日に美術館が開館することに反対する活動家も、かつて迫害を行った人々ほど残酷ではない。だが、背景にある考え方は、迫害者のそれと変わらない。すなわち、「おれの宗教で許されていないことは、おまえの宗教では認められているとしても、けっして許さない」という強い感情なのだ。

その人たちの考えに従うなら、神は異教徒の行動を嫌悪するだけにとどまらない。異教徒の行動を放っておく人も罪人と見なされてしまう。

一夫多妻制を認めるモルモン教

さて、私たちの社会で、個人の自由がどれほど軽んじられているかがわかっただろうか。最後にもうひとつだけ紹介しておきたい事例がある。モルモン教に関することだ。イギリスの新聞が、この一風変わった宗教についてなんらかの警告を発するとき、必ずと言っていいほど過激で差別的な表現が用いられる。

たしかに、モルモン教はさまざまな教訓に満ちている。「新しい啓示」と呼ばれる「嘘」を基盤に据え、教祖はいたって平凡な人物であるにもかかわらず、この宗教は新聞と鉄道と電信が発達した時代にひとつの社会をつくりあげた。これは誰にも予想できなかったことであり、語るべきことはいくらでもある。

だが、ここで取りあげたいのは、「モルモン教も、ほかのすぐれた宗教と同じく迫害を受けていた」という事実だ。この宗教の預言者であり創始者でもある人物は、その教えのために暴徒によって殺された。信者のなかにも、暴力の犠牲になった者は少なくない。いまや信者たちは、生まれ育った土地を追われ、砂漠のなかの僻地に追いやられてしまった。ここまでの仕打ちをしてなお、多くのイギリス人は、遠征軍を派遣してモルモン教徒に一般論を押しつけるのは正しいことだと公言しているのだ（実際にそんなことができるとは思えないが）。

では、モルモン教がここまで嫌悪される理由は何か。なぜ、宗教の違いに寛容な人も、この宗教には反感を抱いてしまうのか。理由はおそらく、「一夫多妻制」を認めているからだろう。

イスラム教徒やヒンドゥー教徒、あるいは中国人がこの制度を容認するからといって、私たちはこのような反感は抱かない。しかし、同じ英語を話し、キリスト教に由来する宗教を信じる人々が一夫多妻制を受け入れるとなると、抑えきれない憎悪がわいてくるようだ。

モルモン教の一夫多妻制に、私は誰よりも反対している。理由を挙げるときりがないが、とりわけ受け入れがたいのは、この制度が自由の原理を真っ向から否定している点だ。社会の半分を占める女性を鎖で縛りつけておきながら、残りの半分である男性に対しては、女性に対して負うべき義務を免除しているのだ。

とはいえ、一夫多妻制のもとでも、女性が被害者だとは限らない。なぜなら、ふつうの結婚と同様、当事者である女性は自分の意思に従って結婚するからだ。驚くかもしれないが、この事実は世間一般の考え方や習慣によって説明できる。

女性にとって、結婚以上に重要なことはない。逆に言えば、結婚できないぐらいなら、複数の妻のひとりになるほうがいいと考える女性は多いのだ。たしかに、納得できる話ではある。

モルモン教徒は、ほかの国も一夫多妻制を認めるべきだとは考えていないし、モルモン教徒なら自国の法律を守らなくてもいいとも考えていない。むしろ彼らは、自分たちが異端であることを自覚し、社会の敵意に対しては必要以上に譲歩してきた。自分たちの信条を受け入れない国を離れ、遠く離れた未開の地に移住し、そこを人間が住める場所に変えた。けっして他国を侵略しないし、抜けたいと思う人がいたら自由に抜けさせる。

そんな彼らに向かって、「おまえたちが自分の望んだ法律に従って生活するなんて許さない」と主張するのは、どう考えても間違っている。そんな主張を通したいのなら、専制の原理を引き合いに出すしかない。

ほかの社会に文明化を強制する権利はない

最近、ある有名な論者がこんな提案をした。この一夫多妻制の社会には、十字軍ならぬ〝文明軍〟を派遣すべきだ、と。そうすることで、文明の退歩と言える状況に歯止めをかけようと考えたのだ。たしかに、一夫多妻制が「文明の退歩」だという点には私も同意する。しかし、どんな社会であれ、ほかの社会に文明化を強制する権利は与えられていないはずだ。

たとえ悪法が国民を苦しめる国があるとしても、その人たちが助けを求めていないなら、よそ者が干渉すべきではない。当人たちが満足しているのに、何千キロも離れた場所に住む無関係な連中がとつぜんやってきて、「おまえたちがしていることは間違っている。いますぐやめるんだ」と口にするなど、ぜったいに認めてはならない。

どうしてもそういう行動に出たいなら、宣教師を派遣して説教をしてもらうのがいいだろう。反対に、モルモン教が自国に広まるのを防ぎたいなら、正当な手段を用いて反対する必要がある（もちろん、モルモン教の宣教師に説教を禁じるのは「正当な手段」とは言えない）。

私たちの文明は、かつて世界を支配していた「蛮行」に打ち勝った。だから、すでに敗れた蛮行が復活したところで、いまの文明に取って代わるのは不可能だ。一度は圧勝した相手に負けるようなら、その文明は堕落した文明だと言わざるをえない。堕落した文明に認められた人間は、聖職者であれ、教師であれ、ほかのどんな人であれ、自分たちの文明を守る力や意思をすっかりなくしているに違いない。

そういう文明なら、一刻も早く消えるべきだ。存続させたところでいいことはない。西ローマ帝国のように、勢いのある野蛮人に滅ぼされ、完全に生まれ変わる以外に道はないだろう。

第5章

原理を適用する

具体例を通じて原理を説明する

本書ではさまざまな原理を取りあげてきたが、これらの原理はもっと多くの人に理解され、あらゆる議論の土台にならなければならない。その段階に達しないかぎり、政治や道徳のあらゆる部分に原理が適用されることはない。

この章では、いくつかの問題について考察していきたい。私のねらいは、原理を適用して結論を出すことではなく、具体例を通じて原理を説明することだ。

「原理をどう適用するか」ではなく「原理がどう適用されているか」を示せば、本書の最大のテーマとも言えるふたつの「規則」の意味と、その限界が明らかになる。それらを理解すれば、実生活のなかで判断に迷ったときに、どちらの規則に重きを置くべきかが見えてくるだろう。

ふたつの規則

ふたつの規則とは、次のようなものだ。

第一の規則
自分の行動が他者の利益に影響しない場合、個人は社会に対して責任を負わない。個人の行動が社会的に嫌悪される、あるいは非難されるべきものであるなら、社会はその人に対して忠告や指導を行ったり、その人を遠ざけたりすることはできる。ただし、それ以上のことをするのは正当ではない。

第二の規則
個人の行動が他者の利益を損なう場合、その個人は社会に対して責任を負う。個人の行動から社会を守るために必要だと考えられるなら、その人に制裁を加えたり、処罰を与えたりすることができる。

ここで、注意しておくべきことがある。

社会の干渉が正当化されるのは、他者の利益を損なうか、損なう可能性が高いときに限られる。だが、「そのような社会の干渉は必ず正当化される」と考えてはならない。

なぜなら、個人が正当な目的を追求することで、必然的に他者に苦痛や損害を与えたり、他者が手にするはずの利益を損なったりするケースもあるからだ。そういう場合、個人の行動を不当だと言いきることはできない。

個人間の利害の対立は、社会制度に問題があるせいで生まれることも多い。つまり、制度そのものを改めないかぎり、そのような対立はなくならないのだ。だが、どんな社会制度を確立したとしても、なんらかの利害の対立が生じるのは避けられない。

志望者の多い人気の職業に就いた人、高倍率の試験に合格した人、欲しいものを手に入れるために誰かと争って勝利した人は、他者に損失を与え、他者の努力を無駄にし、他者を失望させて利益を得ている。しかし、それはけっして悪いことではない。むしろ、他者の幸福を傷つけることを恐れずに自分の目的を追求することは、人類全体の利益になると考えられている。

逆に、「競争に負けた人が苦痛を受けないことを求める権利」というものは、社会的にも法的にも認められていない。社会の干渉が必要になるのは、詐欺、裏切り、暴力といった、社会全体の利益を損なう手段が用いられたときだけだ。

「自由交易」の考え方

話は変わるが、商売は社会的な行動である。なんらかの商品を売ろうとすれば、他者の利益、そして社会全体の利益に影響を与えることになる。つまり、商売における行動は、原則的に社会が管理するものだと言える。

そのため以前は、重要だと見なされるすべての商品について、政府が価格や製造法を定めるべきだと考えられていた。しかし、長きにわたる論争を経て、その風潮は変わった。いまでは、生産者と売り手に完全な自由を与えてこそ、安価で質のいい商品が市場に出回ると認められている。唯一の条件は、買い手にも「買う場所を選ぶ自由」を与えることだ。この自由がなければ、売り手の暴走を防げないからだ。

以上は、いわゆる「自由交易」の考え方である。本書で扱ってきた「個人の自由」とは異なる根拠にもとづいているが、根拠がしっかりしている点は同じだ。

商売に制限を設けることも、商売のための生産に制限を設けることも、つまるところ「束縛」にほかならない。そしてあらゆる束縛は、束縛というだけで「悪」である。しかし、商売における制限は、社会が管理する行動だけを対象にするものだ。そうした制限を「間違い」だと言えるのは、求めた結果を出せなかった場合に限られる。

個人の自由の原理は、自由交易の考え方には含まれていない。そのため「自由交易の限界」についての問題ともほとんど関係がない。たとえば、「粗悪品が詐欺まがいの方法で販売されるのを防ぐために、社会はどこまで人々を統制できるか」とか「危険な仕事に従事する労働者のために、衛生管理や安全管理をどこまで雇い主に強制できるか」といった問題に、本書で論じた原理がかかわってくることはめったにない。せいぜい、「人々を統制するか自由にさせるかのどちらかを選ぶとしたら、後者のほうが社会の利益になる」と言えるぐらいだ。とはいえ、先ほど挙げたような問題の場合、原則としてなんらかの統制が必要になることは確かだ。

一方で、商売への干渉にかかわる問題のなかには、自由の問題と重なるものもある。第4章で取りあげた禁酒法の一件もそれにあたるし、中国による阿片輸入の禁止や、毒物の販売に対する制限なども含まれる。いずれも「ある商品の入手を困難あるいは不可能にする」ことを目的にした干渉だ。こうした干渉に対しては、「生産者や売り手の自由への侵害」ではなく「買い手の自由への侵害」を根拠に反対することができる。

犯罪や事故を防ぐ「自由の侵害」とは？

いま挙げた例のなかで、「毒物の販売」だけは別の問題につながってくる。「警察の機能」と呼ばれるものの限界はどこか、犯罪や事故を防ぐための「自由の侵害」はどこまで認められるのか、といった問題だ。

実際に発生した犯罪を摘発して罰を与えるだけでなく、犯罪を未然に防ぐことも政府の義務である。このことに異論がある人はいないだろう。だが、犯罪の予防においては、政府の権限が拡大解釈されやすい。犯罪を処罰するときに比べて、人々の自由が侵害される可能性がはるかに高いのだ。なぜなら、人々の「正当」な行動のなかに、「どのような犯罪にもつながらない」と言えるものはほとんどないからだ。

とはいえ、誰かが犯罪に手を染めようとしているのを目にしたなら、その人が犯行に及ぶまで待つ必要はない。警察はもちろん民間人でも、犯罪を防ぐためにその人の行動に干渉することが認められる。

もし毒物が、殺人以外に使い道がないものだとしたら、その生産と販売を禁止するのは100パーセント正しいと言える。だが現実的には、合法的かつ有益な目的のために毒物が使われることもある。犯罪の防止のために毒物の販売を制限すれば、有益な行為までさまたげるかもしれないのだ。

繰り返すが、事故を防ぐことは政府の正当な義務のひとつだ。いまにも落ちかねない橋を渡ろうとしている人がいて、その人に警告する余裕がないときは、強引につかまえて引き戻してもいい。引き戻した人が警察官であれ一般市民であれ、その行為は「自由の侵害」にはあたらない。自由とはつまり、「望んだことをする自由」であり、橋を渡る人は「川に落ちる」ことを望んでいるわけではないからだ。

だが、その人が被害に遭うと確定したわけではなく、「被害に遭う可能性がある」だけだとしたらどうだろう？　その場合、リスクを負うべきかどうかを決められるのは本人だけだ。その人がまだ子どもだとか、正常な判断ができない状態にあるとかいう場合を除いて、危険について警告する以上のことはしないほうがいい。

この考え方は、毒物の販売の問題にも適用できる。そうすることで、考えうる数々の規制のうち、どれが認められてどれが認められないかを判断できるようになる。

たとえば、「製品のラベルに危険性を明記する」ことを義務づけても自由の侵害にはならない。「買った商品が『有毒』だという事実を知りたくない」という買い手はまずいないからだ。しかし、「医師の証明書がなければ買えない」という規制ができたらどうだろう？　正当な使い道のために毒物を求める人からすると、余計な費用がかかるうえ、購入自体をあきらめざるをえなくなる可能性もある。

ベンサムの予定証拠

そういう人の自由を尊重しながら、毒物による犯罪を抑制する唯一の方法は、ベンサムが「予定証拠」と呼んだものを用意することだろう。

この方法は、おそらく誰もがよく知っているものだ。なんらかの契約が結ばれる際は、その履行を強制するための条件として、「署名」や「証人の立ち会い」といったものを法律上必要とする。これはふつうのことであり、正しいことでもある。もし、あとになって揉めごとが起きたとしても、契約が確かに結ばれていることや、法的に無効になるような事情がなかったことを証明する証拠になるからだ。この方法なら、虚偽の契約も、締結の経緯がわかれば無効になるような契約も、効力を発揮しなくなる。

犯罪につながりかねない商品を販売するときも、このような予防策を強制すればいいのではないか。売り手側には、商品を販売した日時、買った人の住所と氏名、販売した商品の量と品質を正確に記録することを義務づける。さらに、買い手の購入目的も事前に聞いておき、同じように記録として残しておく。

医師の証明書をもたない人に売る場合は、第三者に立ち会いを求めてもいい。そうすれば、あとでその商品が犯罪に使われたときに、買い手は購入した事実を否定できなくなる。この方法なら、買い手に強いる負担を最小限に抑えながら、商品がこっそり犯罪に使われる危険を大幅に減らすことができる。

犯罪を防ぐための予防策

犯罪を防ぐために予防策を講じることは、社会に与えられた権利である。そのため、「個人の行動が他者に影響を与えない場合、社会が干渉することは許されない」という規則を完全に守るのは不可能だ。

酔っ払いを例に挙げよう。ふつうなら、酒に酔うことを法律で禁止されたり、酔っ払ったせいで罰を受けたりはしない。だが、酒の勢いで他者に暴力をふるった過去がある人の場合はどうか。その人にだけ特別に制約が加えられたとしても、仕方がないのではないか。制約を加えられている期間中に酔っぱらったら罰せられるべきだし、ふたたび酒のせいで罪を犯したら、以前よりも厳しい処分を受けるのが当然だろう。酒のせいで他者を傷つけるタイプの人間なら、酔うまで飲むという行為はそれ自体が犯罪にあたるのだ。

「怠惰」についても同じことが言える。怠惰だからという理由で罰を与えることは、専制的な抑圧だ（もちろん、社会の扶助を受けている人や、一定量の仕事をすることを義務づけられている人は例外だが)。しかし、怠惰は避けられないものではなく、本人の気持ちしだいでどうにでもなるものだ。こうした原因のせいで育児を放棄したり、他者に対する法的な義務を果たさなかったりする人には、社会が干渉せざるをえないかもしれない。場合によっては、強制労働を課しても抑圧にはあたらないだろう。

本人以外に直接的な影響を与えない行動は、法律で禁止できない。だが、それが公序良俗に反するものだとしたらどうか。公の場でそういう行動をとるのを禁止するのは正当ではないだろうか。

たとえば、風紀を乱す行動がそれにあたる。それ自体は悪いことではないものの、人前で行われてはならないとされている行動は多い。とはいえ、本書のテーマから少し外れてしまうので、ここで詳しく論じるつもりはない。

そそのかして利益を得る場合は自由を適用できない

もうひとつ、ここで扱うべき重要な問題がある。この問題についても、本書で取りあげてきた原理と矛盾しない答えを見つけ出さなければならない。

非難されても仕方ないような行為でも、その影響が本人にしか及ばない場合、社会がそれを禁止したり罰したりするのは間違っている。社会はあくまでも、個人の自由を尊重しなければならない。では、他人がそのような行為を勧めたり、誰かをそそのかしたりするのも、同じように「個人の自由」として尊重されるのだろうか？


この問題はなかなかむずかしい。

他者に特定の行動をとるよう勧めるのは、個人的な行動とは言えない。「忠告」や「勧誘」は社会的な行動なので、他者に影響を与えるほかの行為と同様、社会によって規制されるべきだと思う人はおそらく多いだろう。

だが、その考えは間違っている。たしかに、他者になんらかの行動をうながすことは「個人の自由」ではカバーできないかもしれない。しかし、個人の自由の根拠になっている部分は、このような場合にも適用できるのだ。


まず前提として、「本人にしか関係ないこと」を「本人がリスクを背負って」行うなら、なんの問題もない。ということは、どのような行動をとるべきかを誰かに相談するのも本人の自由でなければならない。意見を交換するのも、他者に助言するのもその人の自由ということだ。当然、「本人にしか影響しない行動」に限った話ではあるが。

話が複雑になるのは、助言を与える側が「他者をそそのかして利益を得ている」場合だ。つまり、社会や国において「悪」だと見なされる行為に人を巻きこみ、それによって金を稼いでいる人に対しては、自由の原理は適用できない。

そういうケースでは、また新しい要素が加わってくる。「公共の利益」と対立するものから利益を得て、公共の利益に対立することを生業とする人々の存在だ。そういう人たちに干渉することは、はたして正しいのだろうか?

売春や賭博をすべて取り締まる必要はないだろう。だが、売春の斡旋についてはどうか。賭博場を開くことは許されるのか。これは、「個人の自由」と「社会の管理」というふたつの原理のちょうど中間に位置する問題であり、どちらの原理を適用すべきかを判断するのは簡単ではない。どちらの側にも言い分があるからだ。

「個人の自由を認めるべきだ」と主張する人の論拠は次のようなものだ。

個人的な範囲なら許される行為が、仕事になったとたん犯罪扱いされるなんておかしいだろう。仕事かどうかにかかわらず、行為そのものを完全に許容するか、完全に禁止するかのどちらかにすべきだ。この本に書かれている原理が正しいというなら、社会は個人的な行動を「悪」だと判断してはならない。社会にできるのは、「やめたほうがいい」と忠告を与えることだけだ。それに、「やめたほうがいい」と忠告する自由があるなら、「やったほうがいい」と勧める自由もあるべきではないか。

これに対して、「社会の管理を認めるべきだ」と主張する側はこう反論するだろう。

たしかに社会と国には、個人の利益にしか関係ない行動を「善」だの「悪」だのと決めつけて、それを禁止したり罰したりする権限はない。だが、ある行動を悪だと思ったときに「悪だと決めつけるわけにはいかないが、悪なのかどうかを議論する価値はある」と想定するのはまったく問題ない。そのように想定したなら、利益のために他者を勧誘する連中や、偏った思想にもとづいて人々を扇動する連中を排除しようとするのも間違いではない。そういう連中は、国が悪だと見なす側から報酬を受け取っているからだ。つまり、公共の利益ではなく自分の利益のために行動していると認めているも同然なのだ。

他者の好みにつけこんで利益を得ようとする人に引っかかってはならない。誰もが自分の好みに従い、自分で選択することが重要だ。その選択が賢明であれ愚かであれ、何かが失われるわけではない。ほかの誰かの幸せが損なわれることもない。

つまるところ、結論はこうだ。賭博を法律で禁止することは、たしかに間違っている。自宅だろうと、誰かの家だろうと、仲間と共同で建てた集会所だろうと、仲間同士で集まって賭け事に興じるのはその人たちの自由だ。しかし、誰でも入れる賭博場を開くことを認めてはならない。法律で禁止したとしても、賭博場がなくなることはない。警察にどれほどの権限を与えたとしても、賭博場はさまざまな建前を駆使して存在しつづけるだろう。だが、あからさまな看板を出せなくなるので、出入りする人はよほどの賭博好きだけになる。そして社会は、それ以上を求めるべきではないのだ。

これはなかなか説得力がある主張だ。だが、「売春や賭博に手を出した人は無罪だが、売春を斡旋した人や賭博場を開いた人は罰金刑や禁固刑の対象になる」という理屈、つまり「主犯は罰せられない（罰してはならない）、しかし従犯は罰せられる」という考え方は、道徳的な観点からすると奇妙な話だ。先ほどの主張によって、これを正当化できるとは思えないし、一般的な商売にこの理屈をあてはめるわけにはいかない。

売買される商品のほとんどは、大量に消費される可能性がある。そして売り手は、大量消費を煽って利益を増やしている。しかし、こうした現状を理由に禁酒法のような法律を制定することはできない。たしかに売り手は、大量に酒を飲む人のおかげで金を稼いでいるが、彼らが酒を売ることは適度に飲む人にとってもありがたいことだからだ。ただし、客に大量飲酒を促して利益を得るのはいいことではない。そのことを理由に、国がなんらかの制限を設け、大量飲酒に歯止めをかけるのは正当な行為だ。だが、こうした正当性がない場合、国家が制限を設けることは自由の侵害にあたる。

酒に課税をするのは合理的判断

ここで、またもや問題が生じてくる。「個人的な行動のなかに、本人の利益を損なうものがあるとしたらどうか。国はその行動を間接的に禁止すべきではないか。たとえば、人々の過度な飲酒を抑制するために、酒の価格を上げたり、酒を売る店の数を減らして手に入りにくくしたりするのは認められるのではないか」というものだ。

こうした実際的な問題は、いくつかのパターンに分けて考える必要がある。

「酒を手に入れるのを困難にする」という目的のためだけに価格を上げるのは、酒の販売を禁止するのと大差ない行為だ。程度の違いはあるが、本質的には変わらない。つまり、「酒の販売の全面的な禁止」が正当と言える場合のみ正当化できる。

酒の価格が高くなることは、その価格では酒を買えないほど貧しい人にとっては、購入を禁じられるのと同じだ。一方、その価格でも買えるほど裕福な人からすると、自分の楽しみのために罰金を払っているのと変わらない。国と他者に対し、法的な義務と道徳的な義務を果たしている人は、自分の収入の範囲内で自由に楽しむ権利がある。何に金を使うかは個人の問題であり、個人が判断すべきことだ。

その観点からすると、歳入を確保するために酒税を上げることも不当な行為だと思えるかもしれない。しかし、忘れてはならないことがある。歳入を確保するための税金は、国にとって不可欠なものだ。そしてほとんどの国では、税収のほとんどが間接税で占められる。そのため国家は、一部の人にとっては「使用禁止」と同じ意味をもつとしても、特定の消費財に課税せざるをえないのだ。

国家は、課税する商品を選ぶにあたって、「消費者の生活にあまり必要なさそうなもの」を選ぶ義務がある。なかでも、過度な消費が害をもたらすような商品を選ばなければならない。そのことを考慮すると、国が歳入を必要としている場合、酒に課税するのは合理的な判断だ。税率を最大限に引きあげたとしても許容できるし、むしろそうするのが正しいと言える。

国は酒場の数を制限できるか？

では、次の話題に移ろう。店の数を制限し、一部の人しか酒を販売できないようにするのは正当なのだろうか。これについては、正当か不当かは目的によって決まる。

警察は、人が多く集まる場所にはつねに目を光らせなければならないが、なかでもとくに注意が必要なのは酒場である。社会全体に害を及ぼすような犯罪が発生しやすい場所だからだ。このような場所では、酒を売る権限（少なくとも、その場で飲む人に酒を売る権限）を信頼できる人だけに与えたとしても不当ではない。社会が監視できるように開店時間と閉店時間を厳密に定めることも必要だし、治安を乱したり犯罪の計画を立てたりする客が店にいるなら、店主は毅然とした態度でそういう行為をやめさせなければならない。それができない場合、その店の営業許可は取り消されても仕方がない。

社会が酒場に対して強制できるのはここまでだ。これ以上の制限を強いることは正当ではないと私は思う。たとえば、「人々が酒に誘惑される機会を減らすために酒場の数を制限する」という方法には賛同できない。一部の人のために、社会の全員に不便を強いることが正しいはずがないのだ。この方法に賛成する人は、こう考えているのと同じだ。「労働者階級は子どものようなものだ。いつかは自由が与えられるかもしれないが、いまはまだ規律で縛って教育を与えてやらないといけない」

「自由」を認めている国なら、こんな原則を持ち出して労働者階級を縛りつけたりはしない。また、自由の価値をじゅうぶんに理解している人なら、このような方法にはけっして賛同しないだろう。例外があるとすれば、労働者階級に完全な自由を与えるためにあらゆる努力をして、その結果「やはりこの人たちは子どもと同じように支配するしかない」と証明された場合だけだ。だが、この問題に限らず、そのような努力がなされたことがあるとは思えない。

ひとつ確かなのは、イギリスの制度が矛盾に満ちているということだ。家父長制にも似た専制的なシステムがいまだに残っている一方で、全体としては自由を重視している。そのために、道徳教育に必要な規制すら設けられずにいるのだ。

複数人で共有する自由

第1章でも述べたとおり、個人は「自分にしか関係ないこと」についての自由をもつが、そこには「複数の個人が『自分たちにしか関係しないこと』を互いの合意にもとづいて管理する自由」も含まれている。

複数人で共有する自由は、全員の意思が一致していれば何も問題はない。だが人の意思は変わるものだ。だから、自分たちにしか関係ないことだとしても、ときには契約書を交わす必要がある。一度契約を結んだなら、その契約は以後ずっと守られるべきだというのが一般的な考え方だ。

第三者の権利を侵害する契約は守る必要はない

しかし、おそらくどんな国の法律でも、この「一般的な考え方」に関して例外が設けられている。第三者の権利を侵害するような契約は守る必要はないし、「自分にとって害になる」という理由があれば契約を解除できる可能性がある。

イギリスをはじめとする文明国のほとんどでは、自分を奴隷として売る、あるいは自分が奴隷として売られることに同意する契約は無効とされる。そういう契約が法律や世論によって強制されることもない。同時に、人は自分の生き方についても完全に自由に決められるわけではない。そこには必ず一定の制限が課されることになる。

とはいえ、個人の自由は尊重されるべきものだ。他者に害を与えないかぎり、個人の主体的な行動がさまたげられてはならない。自分で選択したなら、それはその人にとって望ましいもの、少なくとも許容できるものだということになる。そして、人間にとっての幸せとは、自分が選んだ方法で幸せを追求できることなのだ。

しかし、自分を奴隷として売ることは、みずからの自由を放棄するのと変わらない。「自分の生き方は自分で決められる」という考え方の根拠を捨てているからだ。たった一度の決断によって、その人は人生における自由を失ってしまう。その後はもう、どんな立場に置かれたとしても、「あの人は自分の意思でいまの立場にいるのだろう」とは思ってもらえなくなる。

自由を放棄する自由だけは認められない

自由の原理は、「自由を放棄する自由」だけは認めない。自分の自由を手放すことは、「個人の自由」の範囲には含まれないのだ。

これは、かなり説得力のある理屈であり、日常生活のさまざまな場面に適用できる。だが、さまざまな理由から、一定の制限が加わることがほとんどだ。「自由を放棄しろ」とは言われなくても、「自由に制限をかけろ」と言われることはめずらしくない。

それでも、個人にしか関係しない行動については、人は誰しも自由を認められている。加えて、なんらかの契約を結んだ場合も、第三者を巻きこんでいないなら、当事者は互いに契約を解除できる。たとえ相手が解除を拒んだとしても、金銭あるいは金銭的な価値があるものが絡んでくる契約でないかぎり、「この契約を撤回するのは道理に反する」とは言えないはずだ。

結婚は一定期間後、希望があれば解消すべきか？

フンボルトは、第3章で紹介した著作のなかで次のように語っている。

「個人的な関係や、個人的な奉仕にかかわる契約は、一定の期間を超えたら法的な拘束力を失うべきだ。こうした契約の例として、最も重要なものは結婚である。結婚という契約は、どちらか一方の感情が離れてしまうと目的を果たせなくなる。そのため、一方が離婚を求めた場合、ただちに契約を解消するのが望ましい」

結婚というテーマは、余談として扱うには複雑すぎるだろう。ここでは、あくまでも「自由の原理を説明する」という目的のために軽く触れるだけにする。

フンボルトが自身の著書で述べたのは、あくまでも一般論である。そのため、問題の根拠を詳しく書いたりはせず、結論だけを示して話を終えた。しかし、フンボルトは間違いなく、この問題がそれほど単純なものではないとわかっていたはずだ。

ひとりの人間が、「自分は今後こういう行動をとりつづける」と表明したとしよう。そして、その言葉を聞いた他者が、その言葉を信じて人生の計画を立てたとしよう。その場合、意見を表明した側は、それを信じた相手に対して道徳的な義務を負わなければならない。もちろん、その義務が必ず守られるかどうかはわからないが、義務を「無視」することは許されない。さらに、双方の関係によって他者に影響が及んだ場合、つまり第三者が特別な立場に置かれたり、結婚のように子どもが生まれたりした場合は、その第三者に対する義務も生じることになる。この義務を果たせるかどうか、あるいはどのような方法で果たすかは、両者の関係が続くかどうかにかかっている。

私は何も、「第三者への義務がある以上、当事者たちはその関係に不満をもっていたとしても、契約関係を解消してはならない」と言いたいわけではない。だが、義務は契約に不可欠なものだ。またフンボルトも言うように、結婚という契約は、解消したい側に「法的な自由」がある。義務によって法的な自由が変化することはないが（大きな変化が生じてはならないと私は思っている）、道徳的な意味での自由には大きな違いが生まれるはずだ。

他者の利益に影響を与えかねない決断を下すなら、こうした事情をすべて考慮しなければならない。きちんと考慮しなかった人は、間違いを犯したときに道徳的に責任を負うことになる。

以上の話は、当然のことだと言えるかもしれない。一応言っておくと、私は離婚について話したかったのではなく、自由の原理について具体的に話したかっただけだ。世間では、結婚について話すとなると、子どもの利益だけが重視され、両親の利益についてはほとんど考慮されない。

「一般に認められた原理」というものは存在しない

すでに述べたとおり、自由に関しては、世間一般に認められている原理というものは存在しない。そのため、自由が与えられるべきでないところで与えられたり、与えられるべきところで与えられなかったりすることはきわめて多い。そして、いまのヨーロッパで最も自由が切望される状況は、本来「自由が与えられるべきでない」状況だと私は考えている。

自分にしか関係ない問題であれば、人は自由に考え、自由に行動することが許される。しかし、「自分にも関係があるから」という理由で他者の問題に首を突っこみ、好き勝手にふるまうことは認められない。

国家は、個人にかかわる部分が多い問題については個人の自由を尊重するが、「他者に強制力を行使する権限」を個人に与えている場合は、その個人がどのように権限を行使しているかをつねに監視する義務を負う。

国が果たしていない家族に関する義務

だが、「家族関係」に関しては、国家はこの義務をほとんど果たしていない。家族関係が人間の幸福に与える影響は、ほかのすべての影響を合わせたよりも大きいというのに、国家はこの分野において監視の義務を放棄しているのだ。

夫が妻に対して「専制的」と言えるほどの権力をもっていることは、ここで詳しく論じるまでもないだろう。この問題を解決したいなら、妻にも「ほかのすべての人々」と同じ権利を与え、同じ法律的な保護を受けられるようにすればいい。夫が妻を支配することを擁護する人たちは、「個人の自由」の原理を根拠にそう主張しているわけではない。ただ権力そのものを擁護しているにすぎない。

ここで問題にすべきことは、子どもをどう扱うかだ。これこそ、自由の原理が間違って適用され、そのために国が義務を果たせなくなっている問題である。

世間では、子どもは文字どおりの意味で「親の一部」だと見なされる傾向がある。親が子どもに対してもつ権力は絶対的なものであり、第三者が干渉することは許されないと考えられている。親子関係に対して法律を持ち出そうものなら、世間から反発を受けるのは避けられない。その反発は、個人の行動の自由に干渉した場合よりもはるかに強烈なものだ。つまり、人は「自分の自由」よりも「自分の権力」を大切にしているということだ。

親には子どもへの教育の義務がある

教育を例に挙げよう。

国家は、その国に生まれたすべての子どもに対し、一定水準の教育を受けることを義務づけている。ふつうに考えれば、これは当然のことだ。だが、この事実を認めてはっきりと主張するためには、かなりの勇気が必要になる。

言うまでもなく、自分がこの世に生み出した子どもに教育を受けさせ、その子が自分と他者のためにみずからの役割を果たせるようにすることは、両親（法律と慣習に従うなら父親）の神聖な責務である。そのことを否定する人はまずいない。

しかしイギリスでは、「この責任を果たすよう父親に義務づけるべきだ」という話になっても、誰も真剣には取り合わない。子どもの教育のために努力したり、なんらかの犠牲を払ったりすることを父親に求めるどころか、無償の教育でさえ受けさせるかどうかを父親に決めさせている。

子どもには、食事を与えて身体を成長させ、教育と訓練を与えて精神を成長させなければならない。その義務を果たせる保証がないのに子どもをつくるなど、不道徳きわまりない行為であり、不幸な子どもと社会に対する犯罪だ。親が子どもへの義務を果たさないなら、国が代わりに引き受け、その費用をできるかぎり親に負担させるべきだろう。だが残念なことに、こうした考え方はけっして一般的とは言えない。

国が義務教育ですべきこと

子どもに普通教育を施すことが義務として認められたら、国が「何を」「どのように」教えるべきかという問題も解決するだろう。この問題は現在、さまざまな宗派と政党がぶつかり合う戦場になっている。教育のために割くべき時間と労力が、くだらない口喧嘩のために費やされているのだ。

「親はすべての子どもにじゅうぶんな教育を受けさせなければならない」という決定を下せば、国家が教育を提供する必要もなくなるかもしれない。子どもがどこでどのような教育を受けるかは親に決めさせて、国はただ、貧困層の子どもの教育費を援助したり、保護者がいない子どもの教育費を負担したりするだけでいいからだ。

国家による教育に関しては、反対意見も出てくるだろう。もしそれが「国が教育を義務づける」ことに反対する意見だとしたら、認めることはできない。認めてもいいのは、「国による教育の内容」に反対する意見だけだ。このふたつはまったくの別物である。

大事な教育の多様性

教育のすべての部分、あるいはほとんどの部分を国家が管理することには、私はぜったいに賛同できない。本書で何度も述べたように、人々の個性、意見、行動様式の多様性は重要なものだが、「教育の多様性」も言葉では表現できないほど大切なものだからだ。

国家が教育のすべてを管理することは、すべての国民をひとつの型に押しこめるのと変わらない。そしてその型をつくるのは、君主、聖職者、貴族、世論といった、その時代の政治を支配する人や集団だ。つまり、教育が効果を上げれば上げるほど、国民の精神は国家に支配されていく。やがて、精神だけでなく身体までもが専制支配されるようになる。

国が教育の内容を決めて管理することが許されるケースもある。たとえば、「教育に関する試みの一例として、模範を示し、ほかのすべての試みを一定のレベルまで引きあげる」という目的がある場合だ。

また、適切な教育システムをつくる意思も能力もない後進的な社会では、その役目を担えるのは国家だけである。「国家がすべてを管理してでも教育を施すべきだ」と思えるなら、国が小学校や大学を運営してもいいだろう。大規模な事業を行えるような民間企業がない場合に、政府が株式会社の経営を引き受けるのと同じことだ。

とはいえ、政府が運営する学校で教鞭をとれる人が何人もいるなら、その人たちが自主的に教育を提供することもできるだろう。教育者の給料を法律で保障し、教育費を払えない人々に政府が支援を行えば、教育者たちはみずから学校の経営に乗り出すに違いない。

義務教育法の順守に必要な国家試験

義務教育法を人々に守らせるための最良の手段は、すべての子どもを対象にした国家試験を実施することだろう。一定の年齢に達した子どもには、男女を問わず読み書きの試験を受けてもらうのだ。試験に合格できなかった場合、何か特別な事情がないかぎり、その子の父親には少額の罰金（支払えない人には労役）が科される。その子どもを学校に通わせることになれば、教育費も父親が負担することになる。

試験は年に一度実施され、科目の範囲は少しずつ広がっていく。この仕組みがあれば、すべての子どもたちが最低限の一般常識を学び、きちんと身につけることが一種の義務になる。

また、一般常識の枠に収まらないことも試験の対象にすべきだ。すべての科目で選択制の試験を実施し、一定の基準に達した人には証明書を発行するのがいいだろう。

ただし、国家がこうした試験制度を利用し、世論に不当な影響を与えることは防がなければならない。そのためには、母語や外国語の読み書きのような「手段」についての試験以外では、合格するために必要な知識を「事実」と「実証科学」に限定する必要がある。どんなにレベルの高い試験でも、宗教や政治のように意見が分かれる問題を扱う場合は、さまざまな説の真偽を問うことは認められない。「この説はこの根拠にもとづいている」とか「この著者（あるいは学派や教会）がこの説を主張している」といった事実だけを問うべきだ。

このような制度があれば、新しい世代の問題との向き合い方は悪いものにはならないだろう。いまの世代と同じように、誰もが国教徒あるいは非国教徒として育てられる。そして国家は、国教徒に対しても非国教徒に対しても必要な教育を施すようになる。両親の選択しだいでは、学校で宗教教育を受けることもできるし、それをさまたげる理由はどこにもない。

国が特定の意見を強制してはならない

意見が分かれる問題について、国がどちらかの意見を国民に強制しようとする場合、その試みはすべて害悪だ。しかし、国民がそうした問題について考え、自分なりの結論を出せるように、ひとりひとりが必要な知識を備えているかを国が確かめるのは正当だといえる。

哲学を学ぶ学生は、ロックとカントのどちらかに傾倒しているとしても、どちらにも傾倒していないとしても、両方に関係する試験に合格できるのが望ましい。また、無神論者に「キリスト教の正しさを証明せよ」という試験を受けさせても、その考え方を信じることを求めないのであれば、そのような試験に反対する理由はない。

ただし、高度な試験はあくまでも「任意」のものでなければならないと私は考える。合格していない人を「資格なし」だと判断し、専門職や教職から排除することを認めてはならない。政府にそのような権限を与えることは、非常に危険だ。フンボルトは次のように述べている。

「学位のように、学術的な知識や専門的な知識を習得したことを証明する公的な資格は、試験に合格した人全員に与えるべきだ。しかし、そうした資格を手にした人は、世間から評価されることはあっても、資格をもたない人との競争で有利な条件が与えられてはならない」

私もこの主張に同意したい。

子どもをつくることは重大な責任をともなう

自由についての間違った考え方のせいで、親は自分の義務を放棄している。道徳的な義務だけでなく法的な義務までもが、きわめて強力な根拠があるにもかかわらず、無視されているのが現状だ。そしてこの問題は、教育以外のことにもあてはまる。

ひとりの人間をこの世に生み出すことは、人間のあらゆる行為のなかで最も重い責任をともなうと言っていい。生まれてくる子どもの人生は、幸運なものにも不運なものにもなりうる。だからせめて、望ましい人生を送る可能性を人並み程度に与えてあげなければならない。その望みもないのに子どもをつくることは、その子に対する犯罪だ。

人口が過剰な国、あるいは過剰になってもおかしくない国を想定してほしい。そういう国で、少数ならまだしも多数の子どもをつくることは、労働者全員に対する罪だと言える。人口が増えればそのぶん競争が激しくなり、結果的に人々の給料が下がるからだ。

ヨーロッパ大陸の多くの国には、「家族を養えるだけの収入があると証明できない男女は結婚を認められない」という法律がある。この法律は、国家の正当な権限を超えるものではない。こうした法律を制定するのが正しいかどうかは、国の状況や国民の感情によって変わってくるが、いずれにしても「自由の侵害」にはあたらない。国家の目的は、あくまでも「他者に危害を与える行為」を禁じることだからだ。家族を養えないのに結婚するといった行為は、必ずしも法律で罰せられる必要はないが、少なくとも社会から非難されるべきものだ。

このことをふまえると、最近の考え方はどうにも理解しがたい。

一部の人々は、「自分にしか関係ないこと」についての自由が侵害されたときは、すんなり受け入れる。だが一方で、自分の身勝手な行動によって他者に被害を与える場合は、なぜか自由を主張しはじめる。たとえば、生まれた子どもに劣悪な生活を送らせれば、その子どもだけでなく周囲の人にまで被害を与えかねない。それなのに、子育てに社会が干渉することには抵抗しようとするのだ。

ある部分では自由を重視し、別の部分では自由を軽視する人たちを見ていると、こう思わざるをえない。人は他者に害を与える権利はもつが、誰かに嫌な思いをさせずに喜びを感じる権利はもっていないのではないか、と。

政府は個人の行動「支援」のために干渉できるか？

ここまで、「政府の干渉の限界」についていろいろ語ってきたが、あえて触れずに残しておいた大きな問題がある。その問題は本書のテーマと密接に関連するが、厳密には違うジャンルに属している。政府の干渉に反対する理由が自由の原理にもとづかないからだ。

その問題とは、「個人の行動を『制限』するためではなく『支援』するために政府が干渉することは認められるのか」というものだ。国民が個人や集団として自主的に行動するのを放っておくよりも、政府が国民のために行動を起こしたり、政府が国民の行動を監督したりするほうが適切な場合もあるのだろうか。

この問題について論じて、本書を終わりにしようと思う。

政府の干渉に反対すべき3つの理由

結論としては、「自由の侵害」にあたらないと思える場合でも、政府の干渉には反対すべきだ。そう言いきれる理由は3つある。

第一の理由は、政府が行うより個人に任せたほうがいい結果が見こめること。一般的に、ある事業を行ったり、その事業の方針や担当者を決めたりするのに最も適任なのは、その事業と個人的な利害関係がある人だ。これまでは、通常の産業活動に議会や政府が介入することはめずらしくなかった。しかし、先ほど紹介した原理によって、そのような干渉を否定することができる。

とはいえ、この話は経済学の分野でさんざん議論されてきたし、本書のテーマともとくに関係はない。

第二の理由は、第一の理由よりも本書のテーマに近いと言える。ある種のものごとは、個人に任せるよりも政府の役人が行ったほうがうまくいくことが多いのだ。だ

が、個人の「教育」のために、あえて政府には任せないほうがいい場合もある。その役目を引き受けた人は、行動力を高め、判断力を磨き、問題を解決するために知識を身につけられるからだ。

たとえば陪審裁判（政治事件は除く）、自由かつ民主的な地方自治、自主的な組織による産業活動と社会活動といったものが奨励されるのも、この「教育のため」という理由が大きい。

たしかに、これは自由の問題ではない。自由と間接的にかかわる「人間の成長」についての問題である。国民教育をテーマにした別の本を書いて、そのなかで取りあげる価値があるものだ。実際、先ほど挙げたものはすべて、市民を成長させるための訓練であり、「自由な国民」を育てる政治教育の実践編であり、「個人」や「家族」という利己的で狭い枠から出て、共同の利益を理解し、共同の問題を処理する方法を学ぶためのものだ。つまり人々は、公共のため（あるいはおおむね公共のため）という動機をもち、「孤立」ではなく「団結」に向けて行動する習慣を身につけられるのだ。

人々のこうした習慣や能力があって初めて、自由な政治体制は機能し、存続することができる。だから、地方の団体の自由が認められていない国では、政治的な自由が一過性のもので終わってしまうことが多い。

地方の事業の場合は、その土地の人々が運営すればいい。大規模な事業の場合は、自主的に出資した人たちが協力して運営すればいい。そうすれば、「個性の発展」と「行動様式の多様性」によって多くのメリットが生まれるだろう。

政府の活動は、往々にして画一的になるものだ。しかし個人の活動、あるいは自主的に結成された団体の活動のなかでは、さまざまな新しいことが試され、どこまでも多様な経験が積もっていく。有益なことをしたい国は、そうして蓄積された経験を集約し、ほかの人々にも伝えるべきだ。国家の役割は、人々が勝手に実験を行うのを禁止することではない。さまざまな実験に取り組む人たちが、他者の経験から学べるようにすることだ。

第三の理由は、政府の権力を必要以上に大きくすると深刻な害がもたらされること。
これこそ、政府の干渉を制限すべき理由のなかで最も重要だと言える。

政府の役割が増えれば増えるほど、国民の希望と不安は政府の動向に左右されるようになる。その結果、エネルギーと野心をもつ国民は、ひとり、またひとりと政府や次の政権を狙う政党に引きこまれていく。

道路、鉄道、銀行、保険、大企業、大学、慈善団体がすべて政府機関になったら、社会はどうなるだろう？　地方自治体とその権限がすべて中央政府に吸収されたとしたら？　そうした組織の全従業員が政府の職員になり、政府から給料をもらい、政府のさじ加減で出世できるかどうかが決まるようになったら？　そうなったら、イギリスであれほかの国であれ、出版の自由があろうと議会が民主制をうたっていようと、「自由」はもはや名前だけのものになる。行政機関が効率的かつ科学的なものであればあるほど、そして優秀な職員を雇うシステムが高度であればあるほど、弊害は大きくなるはずだ。

公務員を試験で採用すべきか？

イギリスでは最近、公務員を採用する際は必ず試験を実施し、できるかぎり聡明で高い教育を受けている人物を雇うべきだという提案がなされた。現在、この提案の賛否をめぐって、さまざまな発言や論説が出回っている。

反対派がとくに強く主張しているのは、待遇面での魅力に欠ける点だ。終身雇用の国家公務員という職は、昇給と昇進の見込みがあまりない。少なくとも、すばらしい人材を引きつけられるような条件ではない。そのため、優秀な人は専門職に就くか民間の組織に所属したほうが理想的なキャリアを積める、というのだ。

しかし、反対派がこのように主張するのは、正直なところ奇妙で仕方がない。この意見は「政府が優秀な人間を独占するのではないか」という最大の問題点について話が出た際に賛成派が持ち出すべきものではないかと思う。「待遇があまりよくない」という事実は、この提案の「安全弁」でもあるからだ。

優秀な人間が官僚に集中したときの危険性

この提案によって、国内の優秀な人全員が本当に国の仕事に就きたがるとしたら、たしかに危惧すべきだろう。社会全体の仕事のうち、組織力と包括的な視点が必要な部分をすべて政府が管理することになったらどうなるか。そして、政府機関にばかり優秀な人材が集まったらどうなるか。おそらく、学者は例外だとしても、立派な教養や実務経験をもつ人はみな官僚組織に集まり、残りの人たちは何から何まで官僚に頼って生きていくしかなくなる。

大衆は、官僚の指示と指導がなければ何もできなくなってしまう。能力と野心をもつ人は、官僚になって出世することだけが人生の目標になる。

このような体制下では、官僚の仕事ぶりを評価することはできない。なぜなら、大衆は官僚の仕事がどういうものかをまったく知らされないからだ。また、専制政治においても民主政治においても、改革を目指す指導者が国の頂点に立つことがあるが（前者は偶然で後者は必然である）、その人物も官僚組織の利益に反するような改革はぜったいに実行できない。

ロシア帝国は、まさにそのような状況に置かれている。ロシアの状況を見てきた人の話を聞けば、そのことがよくわかる。官僚組織に対しては皇帝でさえ無力なのだ。たしかにロシアの皇帝は、官僚たちをシベリアに送る権限をもっている。しかし、官僚の能力がなければ国を統治することはできない。官僚は皇帝の命令に従いたくないなら何もしなければいい。それだけで事実上の拒否権を行使できるのだ。

ロシアより文明が進んでいて、反骨精神に満ちている国の場合、国民は「何から何まで国にやってもらおう」と考える。少なくとも、国が許可を与え、そのやり方まで指示しないかぎり、自分たちで何かをしようとは思わない。当然、自分たちになんらかの害が及べば、すべてを国のせいにする。そして、我慢の限界を超えるほど状況が悪くなったら、政府を倒すために行動を起こす。そう、「革命」だ。

革命のあとは、別の人物が権力の座に就く。国民から正当な権限を与えられたかどうかに関係なく、今度はその人物が官僚に命令を下すようになる。こうして、すべてが革命前と同じように動きはじめる。官僚組織が変わることはない。官僚の代わりに実務を担当できる人がいないからだ。

国民が自分たちの問題を自分たちで処理する国

一方、国民が自分たちの問題を自分たちで処理することに慣れている国だと話は変わってくる。

フランスでは、国民の大半が兵役を経験していて、なかには下士官以上の地位に就いていた人も多い。つまり、大衆が蜂起したときに、その指揮をとって適切な作戦を立てられる人が一定数いるということだ。

フランス人が軍事面ですばらしい能力をもつように、アメリカ人は社会問題の処理においてすぐれた手腕を発揮する。彼らは、たとえ政府が存在しない状況に追いやられたとしても、その場で政府をつくる力をもっている。そして知性と秩序と判断力にもとづいて、社会のために必要なあらゆる業務をこなしていけるのだ。

これこそ、「自由な国民」の理想像だ。こうした能力をもつ国民が「自由」なのは疑いようがない。中央政府の権力を握るのがどんな人物だろうと、どんな集団だろうと、こうした国民を奴隷にすることはできない。彼らの意思に反して何かを強制したり、禁止したりすることは、どんな官僚組織にも不可能なのだ。

反対に、すべてのことが官僚組織を通して行われている国では、官僚の意思に反することは何ひとつできない。

そのような国では、ある目的のために政治制度が確立されている。その目的とは、経験と実務能力をもつ国民を集め、規律のある集団として組織化し、ほかのすべての国民を支配できるようにすることだ。そうした組織の完成度が高まれば高まるほど、また社会のあらゆる階層から能力のある人材が集まり、その人たちが組織にふさわしい人物に育てば育つほど、国民は奴隷と化していく。

奴隷になるのは一般国民だけではない。国民が官僚の奴隷になるように、官僚は組織とその規律の奴隷になる。たとえば、中国の官僚は専制政治のための道具になっている。その意味で、彼らは社会の最下層である農民と何も変わらない。イエズス会という組織は、聖職者集団の威信によって成り立っているが、個々の聖職者は教団の奴隷と言わざるをえない。

政府の外側でも優秀な人材を育てる

忘れてはならないことはほかにもある。優秀な国民全員を政府組織に取りこんでしまうと、組織の知的活動と進歩性に致命的な影響が及ぶということだ。

官僚組織もほかの組織と同じで、業務のかなりの部分にルールを設け、それに従うことを求める。そのため官僚たちは、「何も考えず、ルーティンワークを淡々とこなすだけでいい」という考えに陥ってしまうことがある。あるいは、退屈な業務から抜け出したいあまり、上司が提案した行き当たりばったりのアイデアに飛びつくこともあるだろう。

このふたつの誘惑は、一見すると正反対のもののようだが、じつは密接な関係がある。官僚たちがこうした誘惑に負けるのを防ぎ、官僚組織の能力を高い水準に保つには、外部から刺激を与えなければならない。具体的に言えば、官僚と同じくらい優秀な人々を組織の外側に置き、官僚たちの監視と批判を担当させるのだ。

政府の外側で優秀な人材を育て、その人たちに経験と機会を提供し、実務上の問題について判断を下してもらうシステムが社会には必要だ。官僚たちが能力を発揮し、スムーズに行政を行えるようにするにはどうすればいいか。官僚組織が積極的にすぐれたアイデアを出したり、すぐれたアイデアを受け入れたりできる状態を維持するにはどうすればいいか。また、官僚組織がお役所仕事をするだけの集団になり果てるのを防ぐにはどうすればいいか。

答えは、政府があらゆる職業を独占するのを阻止することだ。国民を統治するのに必要な能力は、さまざまな職業を通じて育てられる。そうした職業がすべて政府に取りこまれることだけは避けなければならない。

政府が最もうまく機能するには

政府が強大すぎる力をもつと、人類の自由と進歩をさまたげる深刻な害がもたらされる。だが同時に、誰もが認める指導者のもとに社会の力を集めれば、全体の幸福にとっての障害に対処できる。重要なのは、政府が強大な力をもつことのデメリットがメリットを上回ってしまうタイミングを見極めることだ。

言い換えれば、「権力と優秀な人材を政府に集中させるメリットを得ながら、社会全体の活動のうち政府が担当する部分が大きくなりすぎないようにする」ことが求められるということだ。これは、統治における最大の難問だと言える。

この問題は、絶対的なルールを定めて解決できるものではない。さまざまな要因を考慮しながら、個別に検討していく必要がある。だが、実務上の原則、見据えておくべき理想、問題解決の手段を検討するうえでの基準は存在する。簡単に言えば、次のようなものだ。

効率を下げない範囲で、できるかぎり権力を分散する
できるかぎり情報を集中させ、中央から発信する

この考え方に従うなら、地方行政についてはニューイングランド各州のやり方が望ましいだろう。**直接の利害関係者に任せないほうがいい業務は、選挙で選ばれた行政担当者たちが細かく分割して担当する。一方で、地方行政の各部門は、中央政府の一部門である監督機関によって管理される。**

この監督機関のもとには、担当する部門に関するあらゆる情報と経験が集約される。各自治体の具体的な業務だけでなく、国外の事例や、政治学の一般原理にもとづく知見なども例外ではない。そうしたすべての情報に通じながら、ある自治体で得た情報を国のすべての自治体に伝達することこそ、この機関の義務だ。

監督機関は、特定の自治体の見方に縛られることなく、高い視点から全体を眺められる。そのため、この機関が与える助言はかなりの影響力をもつはずだ。しかし、このような常設の政府機関に「全国的な指針である法律を地方の行政担当者たちに守らせる」以上の権限を与えるべきではない。

法律で定められていないことは、地方の行政担当者がケースバイケースで判断し、有権者に対して責任を負うのが望ましい。法律に反する行動をとった場合は、行政担当者であろうと相応の罰を与えられ、法律そのものは議会が定める。中央政府の監督機関にできるのは、法律が守られているかを監視することだけだ。法律が守られていないときは、裁判所に訴えて強制的に守らせるか、有権者に訴え、法律に反して業務を行った行政担当者を解任させればいい。

イギリスの救貧法委員会も、全国の救貧税の担当者に対して同じような権限をもつと考えられている。委員会が限度を超えた権力を行使したこともあるが、それを不当だと言いきることはできない。地方の悪習が、自治体だけでなく社会全体にまで深刻な影響を与えている場合、中央政府の権力によって止めなければならないからだ。

どんな地方自治体も、自分たちの暮らす地域を「貧困の巣」にする権利はもっていない。行政の間違いによって生まれた貧困は、ほかの自治体にまで伝わり、最終的に労働者階級全体の精神と肉体をだめにしてしまうからだ。

救貧法委員会には、法律を制定し、それを強制的に守らせる権限が与えられている(世論の反対を受けているせいで、行使されることはめったにないが)。この権限は、「国家の利益」のために用いるのであれば正当だが、「地方の利益」のために用いるのは完全に間違っている。

国家の価値は国民ひとりひとりの価値で決まる

「すべての地方自治体に情報を伝える」という中央政府の義務は、行政のあらゆる面で価値がある。個人の努力と成長を支援し、刺激するためなら、政府はどんなことをしてもいい。そういう目的のために政府が何かをしても、有害な影響は生じないからだ。しかし、個人や団体の活動を「政府の活動」にしてしまうと害がもたらされる。また、情報や助言を提供したり、厳しい意見をぶつけたりする代わりに、人々の活動を制限し、隅のほうに追いやり、その仕事を奪ったとしても同じだ。

長い目で見れば、国家の価値は国民ひとりひとりの価値によって決まる。だから、個人の知的能力の向上をないがしろにして、洗練された行政、あるいは洗練されているように見える行政ばかりを追求する国家に未来はない。型に押しこめられ、国のための道具に仕立てあげられた国民に、偉大なことは成し遂げられないからだ。

すべてを犠牲にして「完全な国家システム」をつくったとしたらどうなるか。国家はまず、システムを円滑に動かすために国民のエネルギーを取り去ろうとするだろう。だがそれは、国家のエネルギーそのものを取り去るのと同じだ。そうして完成したシステムは、結局のところ、なんの役にも立たないのだ。

【著者プロフィール】

ジョン・スチュアート・ミル（John Stuart Mill）

19 世紀で最も影響力のあったイギリスの哲学者。1806 年生まれ、1873 年没。政治哲学者、経済思想家でもあり人文・社会科学の数多くの領域において大きな業績を築いた。晩年は自ら社会主義者を名乗っている。彼は自然主義者であり、功利主義者であり、自由主義者であり、その著作はイギリス経験主義哲学の極致とも呼ばれる。著書に『論理学体系』（1843 年）、『自由論』（1859 年）、倫理学理論を代表するとされる『功利主義論』（1861 年）などがあり、現在でも読み継がれている。

【まえがき】

成田悠輔
（なりた・ゆうすけ）

夜はアメリカでイェール大学助教授、昼は日本で半熟仮想株式会社代表。専門は、データ・アルゴリズム・ポエムを使ったビジネスと公共政策の想像とデザイン。ウェブビジネスから教育政策まで幅広い社会課題解決に取り組み、企業や自治体と共同研究・事業を行う。報道・討論・バラエティ・お笑い・アートなど多様なテレビ・YouTube 番組の企画や出演にも関わる。著書『22 世紀の民主主義：選挙はアルゴリズムになり、政治家はネコになる』（SB クリエイティブ）、番組「夜明け前の PLAYERS」「成田悠輔と愛すべき非生産性の世界」など。東京大学卒業、マサチューセッツ工科大学（MIT）にて Ph.D. 取得。

【訳】

芝 瑞紀
（しば・みずき）

英語翻訳者。青山学院大学総合文化政策学部卒。訳書に『ある特別な患者』『すらすら読める新訳　フランクリン自伝』（ともにサンマーク出版）、『シャンパンの歴史』（原書房）、『裏切り者は誰だったのか』(共訳、原書房)、『約束の地』（共訳、集英社）などがある。

すらすら読める新訳
自由論

2024年10月１日　初版印刷
2024年10月10日　初版発行

著　者　ジョン・スチュアート・ミル
訳　者　芝瑞紀
発行人　黒川精一
発行所　株式会社サンマーク出版
〒169－0074 東京都新宿区北新宿2－21－1
電　話　03-5348-7800
印　刷　共同印刷株式会社
製　本　株式会社村上製本所

定価はカバー、帯に表示してあります。
落丁、乱丁本はお取り替えいたします。
ISBN978-4-7631-4172-9 C0030
ホームページ　https://www.sunmark.co.jp